L'intelligence humaine n'est pas un algorithme

Olivier Houdé

L'intelligence humaine n'est pas un algorithme

Préface de
Jean-Pierre Changeux

Odile Jacob

15, rue Soufflot, 75005 Paris

www.odilejacob.fr

ISBN : 978-2-7381-4690-8

Préface

par Jean-Pierre Changeux

L'ouvrage d'Olivier Houdé est le fruit de réflexions qui allient l'expérience pratique de l'éducateur devenu éminent psychologue, spécialiste de sciences humaines – membre de l'Académie des sciences morales et politiques –, et celle de l'expérimentaliste de laboratoire, maître de ses méthodes et techniques d'analyse en chronométrie mentale et imagerie cérébrale – membre de l'Académie des technologies. À l'heure où l'intelligence artificielle tente d'envahir le monde, le moment semble venu de faire la part des choses et de comprendre ce qui distingue le cerveau de l'enfant de « la ferraille » (les rouages électroniques) du superordinateur avec ses algorithmes programmés. Voilà qui devrait susciter l'intérêt des enseignants comme celui des informaticiens et bien entendu du grand public.

Les dispositions innées du petit *Homo sapiens* à sa naissance, nous apprend Olivier Houdé, sont déjà très exceptionnelles, comme le sont ses capacités d'apprentissage. Or ces capacités interviendront intensément dès les premiers contacts avec son nouvel environnement physique moins chaleureux que le sein de sa mère, mais aussi et surtout avec le milieu social et culturel qui fera de lui non seulement un être humain, mais une personne. C'est clair, on n'éduque pas un enfant comme on écrit un programme d'ordinateur. Le moment est venu de s'en inquiéter. Olivier Houdé à travers son livre tente, sur la base de sa propre expérience et de celle d'une communauté scientifique en plein essor, de résoudre le paradoxe entre les « compétences précoces » (pour certaines innées) du nouveau-né et ces « incompétences tardives » (avec ses multiples ouvertures sur le monde) qui interviennent immédiatement après. Sur des bases scientifiques solidement établies, il nous propose enfin *une nouvelle théorie du développement cognitif de l'enfant* et, essentiel pour nous, en dérive des méthodes pédagogiques inattendues. Je dis « enfin » car depuis Jean Piaget (1896-1980) peu de théories aussi accomplies ont été proposées !

On ne dira jamais trop à quel point le développement du cerveau de l'enfant diffère de la construction d'un ordinateur qui s'assemble comme un jeu de Lego à partir de cartes mères, de circuits imprimés et de processeurs préconstruits où la moindre erreur a des conséquences catastrophiques. Le développement du cerveau humain se fait progressivement, de manière dynamique et non linéaire, avec la mise en place de millions de milliards de contacts synaptiques (au rythme moyen du million par seconde) à travers lesquels il tolère les erreurs et les corrige sous la forme d'une évolution darwinienne interne. Celle-ci opère par variation et sélection neuronales. Le cerveau humain diffère également de celui des espèces qui ont précédé *Homo sapiens* au cours de son histoire évolutive. Il n'atteint sa forme et ses performances adultes que vers 16 à 18 ans, alors que chimpanzés et autre singes ont un développement postnatal beaucoup plus bref. Chez *Homo sapiens*, du bébé à l'adolescent, au fil des années, les périodes sensibles d'apprentissage s'enchaînent et se poursuivent toute la vie. Elles permettent, ici, l'accès à la vision binoculaire, là, à la reconnaissance de soi, puis celle de soi-même comme un autre, ou encore l'apprentissage du langage parlé puis celui de l'écriture, de la lecture, de la logique et du raisonnement... Lorsque *Homo sapiens* est apparu au Maroc, il y a environ 300 000 ans, sa durée de vie ne dépassait pas 30 ans en moyenne ; il a donc été sélectionné au cours de l'évolution biologique pour passer environ la moitié de sa vie à construire son cerveau ! Au cours de cette évolution « épigénétique » postnatale, l'enfant *internalise* son environnement et tout particulièrement, comme le soulignait dès 1920 l'éminent psychologue soviétique Lev Vygotski, son environnement social et culturel. Le bébé internalise les caractéristiques de la communauté culturelle à laquelle il appartient – et cela en dehors de tout consentement éclairé. Un élément biologique supplémentaire intervient dans cette médiation de l'interaction sociale, le *comportement pédagogique*, qui relève de la prise en charge de l'enfant très vulnérable du fait de l'immaturité de son cerveau, mais qui se spécialise socialement avec l'école. La relation maître-élève devient fondamentale. Et notre auteur, qui fut instituteur, sait de quoi il parle. Il a même réussi à démontrer, lors d'une tâche de raisonnement logique, l'effet de cette relation maître-élève sur les reconfigurations du cerveau.

Un autre aspect des fonctions supérieures du cerveau humain dont les informaticiens parlent moins est leur relative lenteur. L'influx nerveux se propage à une vitesse située entre 1 et 100 mètres par seconde, comme un TGV certes, mais inférieure à la vitesse du son (environ 340 mètres par seconde), alors que nos ordinateurs fonctionnent à la vitesse de la lumière (299 792 458 mètres par seconde), c'est-à-dire de l'ordre du million de fois plus vite que l'influx nerveux. Les temps psychologiques sont de l'ordre du dixième de seconde… Nos ordinateurs fonctionnent environ un million de fois plus vite que notre cerveau… ce qui ne veut pas dire qu'ils sont un million de fois plus « intelligents » !

Le cerveau humain a compensé cette limitation de vitesse avec l'invention de nouvelles stratégies cognitives, tant neurostructurales que fonctionnelles, qui lui permettent, encore pour un certain temps, d'être en avance sur l'ordinateur. Olivier Houdé nous propose l'inhibition. De quoi s'agit-il ? Il existe dans notre cerveau deux grandes catégories de neurones : ceux qui génèrent des signaux nerveux – ou neurones excitateurs – et d'autres qui bloquent l'excitation – ou neurones inhibiteurs. Leurs neurotransmetteurs sont différents : acétylcholine et glutamate pour les premiers ; GABA pour les seconds. Des ensembles de neurones inhibiteurs peuvent au niveau du cerveau bloquer (ou inhiber) de manière globale un comportement ou une stratégie cognitive lorsqu'ils sont inadaptés ou erronés. Dans sa nouvelle théorie neuroconstructiviste, Olivier Houdé place l'inhibition cognitive au cœur du développement intellectuel de l'enfant. Il en situe l'origine au niveau du cortex préfrontal, un territoire cérébral qui se développe de manière différentielle chez les hominidés, du chimpanzé à *Homo sapiens*, et qui mature lentement chez l'enfant et l'adolescent. Cette théorie du développement cognitif renouvelle le débat Piaget/Chomsky ou constructivisme/innéisme qui a marqué au cours des dernières décennies bien des positions en psychologie. Il y a certes des capacités cognitives innées ou très précoces chez les bébés, mais la capacité d'inhiber les biais cognitifs se construit après, durant l'enfance et même encore chez l'adulte. En outre, la théorie d'Olivier Houdé vise à résoudre un autre grand paradoxe de la psychologie contemporaine du raisonnement et de la prise de décision : le paradoxe « Kahneman-Piaget » entre irrationalité et rationalité.

Piaget a décrit les stades de l'intelligence chez l'enfant comme une succession d'algorithmes de plus en plus logiques. Mais Daniel Kahneman, prix Nobel d'économie en 2002, a remis en cause cette vision trop rationnelle et logique de l'intelligence, en démontrant que nos jugements et nos décisions sont le plus souvent dominés par des heuristiques intuitives, très rapides, fondées sur des biais cognitifs erronés. D'où nos illogismes ! Pour lever ce paradoxe, Olivier Houdé propose, à partir de ses propres découvertes chez l'enfant et l'adulte, une nouvelle théorie de l'intelligence en trois systèmes : 1. le circuit court des heuristiques approximatives ; 2. le circuit long des algorithmes logiques exacts ; et 3. le système inhibiteur qui bloque les heuristiques, au cas par cas, selon le but et le contexte. Il est guidé par des émotions tel le regret. Pour Olivier Houdé, c'est cette inhibition qui est la clé de l'intelligence dans le cerveau et qu'il faut éduquer ou coder. *Apprendre, c'est inhiber* au niveau cognitif, dit-il, comme j'ai jadis soutenu qu'*apprendre, c'est éliminer* au niveau neuronal !

Merci à Olivier Houdé de nous offrir des éléments de réflexion si passionnants. Il nous ouvre ici de toutes nouvelles perspectives. De quoi réviser de fond en comble la psychologie du développement, mais aussi de quoi poser un sérieux défi aux informaticiens et à l'intelligence artificielle.

Le débat est ouvert ! Au lecteur maintenant de se faire une idée.

26 février 2019.

Introduction

En 1981, à 18 ans, le bac en poche, je rêve de devenir instituteur, le plus beau métier qui soit : apprendre aux enfants le monde et éveiller leur *intelligence* ! Encore en Belgique à cette époque, mon pays natal, je fais mes études à la Haute École Galilée de Bruxelles. J'y apprends à enseigner le français, les mathématiques, mais aussi la géographie et l'histoire, ainsi que le dessin aux jeunes élèves. Peintre amateur et passionné durant mon adolescence, l'idée d'éveiller tout à la fois la beauté et l'intelligence dans le cerveau des enfants me comble.

À l'aube de mes 20 ans, lors de la rédaction de mon mémoire de fin d'études – celles d'instituteur duraient alors deux ans – je fais la lecture d'un livre de Jean Piaget, *La Formation du symbole chez l'enfant*, paru en 1945. C'est un choc, une révélation ! J'y découvre l'existence d'une science de l'intelligence des enfants. Piaget, juste décédé, savant suisse de l'Université de Genève, en était alors le grand spécialiste. Durant sa carrière, il avait découvert les stades du développement intellectuel, du bébé au jeune adulte. De surcroît, il voyait dans l'intelligence en formation chez l'enfant la forme optimale de l'adaptation *biologique*. Je me souviens très bien aujourd'hui du sentiment qui m'envahit alors : un pan entier d'une réalité jusque-là dissimulée, tant lors de ma scolarité que dans ma famille, se révélait à moi ; il existe une *science expérimentale* (comme la physique, la chimie, la biologie) de l'intelligence en construction chez les enfants. C'est extraordinaire ! Alors que je suis à peine sorti de l'enfance, cette découverte me bouleverse. Jean Piaget, savant de haute stature, devient mon modèle.

La voie est tracée, le métier de chercheur comme Piaget sera le mien. J'hésite toutefois encore quelques mois – fibre artistique oblige – avec celui très tentant d'illustrateur de livres pour enfants, dont je commence d'ailleurs les études à l'Institut Saint-Luc de Bruxelles, mais à la faveur d'un long voyage de réflexion en Orient, au Rajasthan en Inde et au Népal, je reviens vers l'Europe, Bruxelles *via* Paris, avec l'idée définitivement arrêtée de faire comme Piaget et de m'inscrire dans un cursus universitaire de psychopédagogie. Ce sera à Mons dans le sud de la Belgique car une université y offrait une formation accélérée en psychologie de l'enfant pour les étudiants déjà instituteurs. C'est ensuite à Paris, à la Sorbonne, que je poursuis ma licence de psychologie, suivie du cursus jusqu'au doctorat soutenu en 1991 sur le développement de la catégorisation chez l'enfant. C'est la forme *qualitative* de l'intelligence en construction. À ce sujet, Piaget décrivait un stade intuitif de catégorisation chez les enfants avant l'âge de 6-7 ans, suivi d'un stade logique d'inclusion des classes.

Mais je découvre, en observant des centaines d'enfants pour ma thèse de doctorat, que les stades de Piaget sont en fait inexacts. D'une part, il existe des capacités logiques de catégorisation, même taxinomiques (donc avec des relations d'inclusion des classes), avant 7 ans, dès l'école maternelle.

D'autre part, les enfants plus grands, bien au-delà du début du stade logique de Piaget font encore, dans certaines situations, des erreurs intuitives de catégorisation qu'ils ne devraient plus faire. Voici un exemple : comme Piaget, je place sur une table, devant l'enfant, 10 marguerites et 2 roses, en lui demandant « Y a-t-il plus de marguerites ou plus de fleurs ? » L'enfant de moins de 6 ans répond : « Plus de marguerites ! » C'est une erreur d'intuition perceptive, spatiale, selon Piaget – un stade préopératoire, illogique. À partir de 6-7 ans, l'enfant répond inversement et logiquement cette fois : « Plus de fleurs ! » C'est, selon Piaget, la preuve de l'émergence d'une structure logique d'inclusion des classes dans l'esprit de l'enfant. Elle permet des réponses d'inclusion. Mais, fait surprenant non prévu par Piaget, lorsque je demande à l'enfant, juste après : « Peut-on faire quelque chose, ou ne peut-on rien faire, pour avoir plus de marguerites que de fleurs ? », il répond (et cela jusqu'à l'âge de 11-12 ans) : « Oui, c'est facile, t'as qu'à ajouter des marguerites ou enlever des fleurs ! » Cette réponse est évidemment tout à fait contraire à la *structure* mentale d'inclusion des classes supposée par Piaget. Or cette structure vient de se mettre en place dans le cerveau de l'enfant selon le savant genevois.

Sous mes yeux et dans mon esprit de jeune chercheur, les stades de Piaget volent alors en éclats ! La théorie du développement de l'intelligence chez l'enfant que je croyais vraie s'effondre.

Mais comment expliquer cette versatilité cognitive des enfants (réussite, puis échec), leurs décalages de performances ? Avec d'autres observations de ce type, cela remet aussi en cause, de façon plus générale, le structuralisme. Comme

Claude Lévi-Strauss et bien d'autres chercheurs en sciences humaines des années 1960-1970, Piaget était structuraliste : il croyait qu'à chaque âge émergeait une structure intellectuelle nouvelle, garante de comportements synchrones, obligés et hiérarchisés chez l'enfant. Ces structures successives étaient des algorithmes logico-mathématiques, d'abord absents, puis concrets (dès 7 ans) et enfin abstraits (à l'adolescence). Mais les observations de mon doctorat chez les enfants montrent que ces algorithmes (de logique des classes) semblent exister plus tôt que prévu par Piaget et à la fois disparaître ensuite plus tard, au cours du développement, dans certaines réponses illogiques des enfants.

Les chercheurs postpiagétiens, mes professeurs de l'époque, restent dans l'idée d'un développement incrémental de l'intelligence en stades cognitifs, mais considèrent alors que l'algorithme logique d'inclusion des classes doit venir à l'esprit des enfants encore plus tard que ne le prédisait Piaget, après une longue phase de bricolage empirique, au seuil de l'adolescence, le moment où, à partir de 12 ans, l'enfant répond : « C'est impossible [d'avoir plus de marguerites que de fleurs], il y aura toujours plus de fleurs. » Dans cette nouvelle interprétation, l'âge des stades changeait, se décalait, alors que la conception piagétienne en stades restait fondamentalement la même.

Mais moi je n'y crois plus ! Dès le début des années 1990, je constate et comprends l'inadéquation du modèle des stades de l'intelligence focalisé seulement sur la présence ou l'absence d'un algorithme logique (dans cet exemple la structure d'inclusion des classes). Le développement doit être plus *dynamique et non linéaire.* Dans mes observations, l'enfant, quel que soit son âge, change trop rapidement et facilement d'avis – ce que j'appelle la versatilité cognitive –, passant d'une réponse logique d'inclusion des classes à une réponse illogique (ou l'inverse) d'un item à l'autre d'une même tâche au gré d'un changement parfois minime de la question ou du mode de présentation du matériel expérimental. Un stade de développement ou une structure logique solide de l'esprit devrait, tel un roc, être plus insensible, plus résistante. Or la versatilité est la règle ! Les décalages de performances « horizontaux » (au sein d'un même stade piagétien) ou « verticaux » (d'un stade à l'autre) ne sont pas l'exception comme le pensait Piaget, mais, en effet, la règle.

Je pressens alors que ce qu'on évalue chez l'enfant, au cours du développement, est un tout autre processus, fonctionnel, de type attentionnel (exécutif dit-on aujourd'hui), assez invisible et que Piaget n'imaginait même pas : *l'inhibition*. C'est d'abord l'inhibition de la comparaison perceptive directe des extensions spatiales (10 marguerites *versus* 2 roses) jusqu'à 7 ans, dans l'exemple classique d'inclusion de Piaget ; ensuite, jusqu'à 12 ans, l'inhibition du schème arithmétique surappris à l'école comme à la maison, « pour avoir plus de, j'ajoute, pour avoir moins de, j'enlève ». Cette révélation du rôle caché de la capacité d'inhibition est aussi foudroyante pour moi que la découverte de la théorie de Piaget à l'âge de 20 ans. À l'aube de mes 30 ans, je découvre qu'elle est fausse, que la clé de l'intelligence en construction n'est pas la logique – ses structures et ses algorithmes – mais l'inhibition ! C'est une intuition scientifique profonde qui m'habite alors, déjà étayée par quelques observations expérimentales, mais encore très peu.

La piste est bonne, j'en suis certain ! Personne encore ne parle d'inhibition en un sens positif, facteur d'intelligence, en psychologie du développement cognitif. Ma directrice de thèse s'inquiète de mes conclusions ; l'inhibition est négative à ses yeux, contraire à la dimension positive du constructivisme de Piaget (« Êtes-vous encore piagétien ? » me demande-t-elle un jour). Je continue de plus belle, à la suite de ma thèse, en élargissant l'exploration de façon systématique à tous les grands pans de l'intelligence selon Piaget : la permanence de l'objet chez le bébé où il doit, selon moi, apprendre à *inhiber* un geste préprogrammé vers l'objet disparu lorsqu'il est déplacé d'un cache à un autre (l'erreur dite « A-non-B »), la conservation du nombre chez l'enfant (aspect quantitatif de l'intelligence) où il doit *inhiber* une illusion de longueur, la catégorisation déjà explorée (aspect qualitatif de l'intelligence) et, enfin, le raisonnement logique chez l'adolescent et l'adulte où ils doivent *inhiber* des biais cognitifs – biais que découvrent à la même époque les psychologues Jonathan Evans et Daniel Kahneman (futur prix Nobel). Ces derniers récusent l'existence de l'ultime stade logique de Piaget. En effet, les adultes – vous, chers lecteurs – sont très souvent illogiques, inconsciemment (biaisés par des émotions, des opinions, des préjugés), dans leurs jugements et décisions. Mon idée est que, si notre intelligence dépend de stratégies intuitives que nous devons toujours inhiber, au cas par cas, et non de structures ou algorithmes logiques infaillibles, alors l'adulte peut encore se trouver souvent en défaut d'inhibition.

Ma seconde thèse en Sorbonne (on dit « habilitation à diriger des recherches ») expose l'ensemble de ces travaux qui donnent alors une forte cohérence à l'hypothèse de l'intelligence explorée *via* la capacité d'inhibition. Je publie *Rationalité, développement et inhibition. Un nouveau cadre d'analyse.*

Dès ce moment, je ne crois plus, mais plus du tout, que l'intelligence soit seulement un algorithme et que son développement soit une suite incrémentale de stades de plus en plus logiques et abstraits qui, comme le croyait Piaget, effaceraient les stades intuitifs précédents. Je ressens plutôt qu'il y a trois systèmes cognitifs interdépendants qui coexistent, à tout âge, dans le cerveau humain : 1) les intuitions ou illusions perceptives et cognitives qui ne correspondent pas à des stades primitifs, bornés par des âges, mais à des stratégies toujours disponibles en mémoire, 2) les stratégies logiques (parfois bien plus précoces que les structures décrites par Piaget) et 3) l'inhibition, plus ou moins efficace. C'est ce contrôle inhibiteur, dont je découvrirai plus tard qu'il est lié à la maturation du cortex préfrontal chez l'enfant et l'adolescent, qui permet de stopper les intuitions lorsqu'elles sont trompeuses et qu'elles entravent la logique.

Jeune professeur de psychologie expérimentale, je découvre alors, dans la littérature scientifique, un paradigme nouveau que j'expose d'emblée à mes étudiants : l'amorçage négatif. Ce paradigme inventé par Steven Tipper me passionne tout particulièrement, car il permet de tester l'inhibition de façon informatisée et très précise en mesurant les temps de réaction des individus en millisecondes, ce que Piaget n'avait jamais fait chez les enfants. L'idée de Tipper est de demander à l'individu qui passe l'expérience de répondre en ignorant, c'est-à-dire en inhibant, un stimulus visuel (par exemple le tracé d'un chien sur une image) qui est le distracteur par rapport à un stimulus cible qu'il faut identifier (le tracé superposé d'une trompette). Ensuite, dans un second temps, l'individu doit répondre en activant le stimulus qu'il vient d'inhiber (le tracé du chien devenant la cible à identifier). Si l'inhibition préalable a bien fonctionné, la seconde phase doit prendre plus de temps que dans une situation contrôle (paires d'items non reliés) : c'est l'amorçage négatif, au sens d'un ralentissement. Mais, en soi, cet indicateur est très positif pour l'adaptation à la tâche (inhibition, puis levée d'inhibition), donc pour l'intelligence !

Ce principe technique fort simple, élégant, de chronométrie mentale permet donc de mettre en évidence l'existence du processus d'inhibition et d'en mesurer l'efficacité. Comme il s'agit dans mes études du facteur clé de l'intelligence en développement chez l'enfant, j'entreprends alors d'adapter et d'appliquer cette méthodologie, non pas seulement aux *traitements perceptifs* des stimulus comme le faisait Tipper (des tracés d'objets), mais à la sélection des *stratégies cognitives* à inhiber ou à activer en mémoire lors de tâches logico-mathématiques de nombre, de catégorisation et de raisonnement – pour certaines d'entre elles, reprises de Piaget. Je tenais ainsi le test le plus fin possible d'évaluation de ce processus caché de l'intelligence : l'inhibition. Avec mon collègue et ami le professeur Grégoire Borst nous ne cessons encore aujourd'hui de renforcer et de généraliser cette méthodologie expérimentale de l'amorçage négatif utilisée tant au laboratoire de la Sorbonne que dans nos écoles partenaires.

Aux seuls algorithmes logiques définissant l'intelligence selon Piaget, nous ajoutons ainsi l'inhibition des stratégies intuitives ou heuristiques en mémoire lorsqu'elles sont erronées. *Heuristiques* est le concept qui a valu le prix Nobel d'économie en 2002 à Kahneman pour l'application qu'il en a faite à la prise de décision chez les adultes, notamment les agents économiques. Contrairement à Piaget, Kahneman démontre que les adultes en général (agents économiques ou autres) sont encore dominés par des intuitions perceptives et cognitives qui court-circuitent la logique. Ces intuitions ne sont donc pas un stade enfantin (prélogique) qui disparaîtrait autour de 6-7 ans, mais des stratégies rapides, souvent efficaces – pas toujours ! – et qui subsistent dans le cerveau adulte. Toutefois, ce que n'a pas vu Kahneman, trop focalisé sur l'opposition entre le système 1 (les heuristiques) et le système 2 (les règles ou algorithmes logiques) chez les adultes, est que la clé de l'intelligence, qui doit se développer chez l'enfant, se situe dans un système 3 d'arbitrage entre S1 et S2. C'est l'inhibition de S1 pour activer S2, au cas par cas, guidée par le doute et le regret. Pour un psychologue du développement de l'enfant – ce que n'est pas Kahneman –, c'est une évidence eu égard aux incohérences observées dans les réponses aux tâches de Piaget et au constat systématique de l'inhibition nécessaire à les surmonter. Pour un neuroscientifique, c'est aussi une évidence, eu égard au rôle supposé du cortex préfrontal dans cette fonction d'arbitrage, en particulier de contrôle inhibiteur.

Cette dimension neuroscientifique a ici beaucoup d'importance. Une révolution technologique, annoncée par Jean-Pierre Changeux dès 1983 dans *L'Homme neuronal*, est, en effet, survenue dans les années 1990 pour la psychologie : l'imagerie cérébrale fonctionnelle. J'en ai rendu compte dans *Cerveau et psychologie. Introduction à l'imagerie cérébrale anatomique et fonctionnelle*, codirigé avec Bernard et Nathalie Mazoyer. Ces deux collègues étaient les grands spécialistes en la matière. Bernard Mazoyer a introduit en France la tomographie par émission de positons (TEP), offrant les toutes premières images *in vivo* du cerveau humain en action lors d'une tâche cognitive de perception visuelle ou de langage, par exemple. Pour ma part, convaincu épistémologiquement, à la suite de Piaget, que l'intelligence chez l'enfant est la forme optimale de l'adaptation biologique – donc *via* le cerveau –, je m'oblige à réaliser un nouveau master de biologie humaine à l'université Claude-Bernard de Lyon pour apprendre à maîtriser directement ces techniques d'imagerie cérébrale.

La TEP étant une technique dite « invasive » – avec injection d'un produit radioactif (à très faible dose) –, elle ne s'applique en aucun cas aux enfants, mais s'utilise avec des volontaires adultes. C'est pourquoi je crée alors de façon expérimentale, en laboratoire, un « microdéveloppement » : un paradigme où l'adulte passe deux fois dans la machine d'imagerie cérébrale, avant (prétest) et après (post-test) un apprentissage de l'inhibition, comparé à une condition contrôle (un apprentissage simplement logique, sans inhibition). Pour cela, il fallait trouver une tâche où l'adulte présente encore un déficit d'inhibition et ce fut facilement fait en reprenant l'une des tâches de raisonnement où Evans, par exemple, observe des réponses illogiques, intuitives, que Kahneman appelle des heuristiques.

Lorsque mes collègues et moi-même lançons l'ultime analyse statistique, *via* le logiciel dédié (SPM, *Statistical Parametric Mapping*), quelle n'est pas notre surprise, notre émerveillement, de découvrir sur l'écran de l'ordinateur une véritable

« bascule cérébrale », de l'arrière vers l'avant (partie préfrontale) du cerveau, en comparant – par une procédure soustractive de l'activité neuronale – le prétest au post-test de l'apprentissage de l'inhibition. Rien de comparable n'est observé après l'apprentissage logique dans la condition contrôle. Nous avions donc sous les yeux les images du cerveau prouvant l'effet incroyablement adaptatif et spécifique de l'exercice pédagogique du contrôle inhibiteur. S'agissant d'une tâche de raisonnement logique, c'est l'intelligence humaine, *via* l'inhibition, qui se déployait dans ces images ! Notez au passage que nous faisions ainsi la première découverte mondiale, publiée en 2000, des traces cérébrales des heuristiques (le prétest) et d'un changement de stratégie de raisonnement (le post-test) dans le cerveau humain. C'est ce qu'on appelle la vicariance ou la flexibilité.

Vous imaginez l'impatience qui est alors la nôtre de pouvoir réaliser la même démonstration expérimentale, non pour un microdéveloppement (apprentissage) chez l'adulte, mais pour le vrai développement chez l'enfant ! Par chance, cela commence à devenir technologiquement possible au début des années 2000 où s'installe en France, à l'hôpital et dans les centres de recherche, l'imagerie par résonance magnétique fonctionnelle (IRMf). Cette technique est non invasive et utilisable, pour le coup, sans problème aucun avec des enfants – sous réserve, toutefois, d'une minutieuse préparation. Ma collègue et amie, psychologue du développement, Arlette Pineau et moi-même n'avons dès lors eu de cesse que de préparer tout le laboratoire à utiliser l'IRM fonctionnelle avec des enfants volontaires des écoles, de la maternelle à la fin du primaire. Il a fallu soulever des montagnes, contourner bien des résistances, car c'était une première en France ! Cela suppose évidemment l'accord préalable d'un comité d'éthique, que nous avons obtenu, et l'accord ensuite des parents volontaires, ainsi qu'un partenariat pédagogique et scientifique étroit avec les écoles et l'Éducation nationale (directeur académique et recteur). Quant au choix du paradigme cognitif, une évidence s'imposait à nous : c'est l'une des tâches les plus emblématiques de Piaget, la conservation du nombre, qu'il faut absolument faire réaliser aux enfants dans l'IRM. Il sera alors possible de voir si la région préfrontale dédiée à l'inhibition (déjà connue dans le cerveau adulte) est spécialement engagée lorsque les enfants parviennent à réussir la tâche. Face à deux alignements de jetons en nombre identique, mais de longueur différente (après l'écartement d'un des deux alignements), l'enfant doit dire s'il y a la même quantité de jetons. Selon mon hypothèse, pour réussir, l'enfant doit inhiber l'heuristique visuo-spatiale « longueur égale nombre ». Je l'avais déjà démontré, au niveau comportemental, grâce à l'amorçage négatif… À la fin des années 2010, dans notre projet d'IRM fonctionnelle enfin réalisé avec des enfants de 5 à 10 ans, nous démontrons, en effet, que l'inhibition préfrontale caractérise le passage de l'échec à la réussite de la tâche de conservation du nombre de Piaget, avant et après 7 ans.

L'algorithme visuel de l'invariance du nombre par rapport à la longueur, de même que l'algorithme moteur et verbal du comptage des jetons, existent bien plus tôt chez le bébé et le jeune enfant. Mais, subrepticement, l'heuristique « longueur égale nombre » se construit aussi, parallèlement dans l'environnement, à l'école et ailleurs, par une covariation surapprise entre ces deux dimensions. La clé du développement intellectuel – ici cérébralement démontrée en IRMf – est dès lors la capacité préfrontale d'inhibition de cette heuristique perceptive pour activer l'algorithme logique (invariance du nombre, comptage) lorsque c'est nécessaire. Et c'est le cas dans la tâche de Piaget.

Ainsi, ce sont bien trois systèmes cognitifs interdépendants qui agissent dans le cerveau de l'enfant en développement : 1) les heuristiques, 2) les algorithmes (la logique de Piaget) et 3) l'inhibition des premières pour activer les seconds, au cas par cas. Il en ressort pour l'école – l'instituteur reprend ici le dessus – qu'il faut non seulement : a) identifier, cartographier les heuristiques perceptives, cognitives et scolaires surapprises et souvent inconscientes (tant pour le maître que pour l'élève), mais aussi b) apprendre à les inhiber. Provoquer, en quelque sorte, une bascule cérébrale, comme celle découverte chez l'adulte, pour pouvoir activer et appliquer avec robustesse les algorithmes logiques. Ces derniers sont soit déjà acquis, soit au cœur du programme scolaire et en cours d'acquisition : règles et notions de mathématiques, de français, etc. Mais, pour dire simple, l'école apprend surtout à activer, même à suractiver, accumuler et empiler des connaissances, *et pas à inhiber*. Or c'est tout aussi important, voire plus, pour construire un citoyen à l'intelligence et au cerveau robustes (face aux *fake news* par exemple) ! Pour construire *un cerveau fin stratège.*

Après cette brève autobiographie scientifique, vous comprendrez pourquoi lorsque j'entends, comme vous, parler aujourd'hui partout et tout le temps d'algorithmes et d'intelligence artificielle (IA), ma réaction immédiate est de dire : attention, *l'intelligence n'est pas (seulement) un algorithme* !

Elle est aussi et surtout l'inhibition des heuristiques. C'est le cœur du sujet. J'en suis maintenant convaincu pour l'intelligence humaine, après avoir expérimenté et testé nos hypothèses, avec toutes les techniques précitées, sur plus d'une dizaine de milliers d'enfants, d'adolescents et de jeunes adultes. Quant à l'IA, il est très probable que l'inhibition dont je parle lui soit aussi nécessaire car les systèmes informatiques dits « intelligents » appliqués à de plus ou moins grandes bases de données, à l'aide d'algorithmes d'apprentissage plus ou moins profonds, sont également victimes, comme les humains, de puissantes heuristiques trompeuses : les biais perceptifs, cognitifs, sociaux et émotionnels des données ! Voilà pourquoi j'affirme dans ce livre que l'intelligence n'est pas (seulement) un algorithme. C'est en tenant compte des trois composantes, heuristiques, algorithmes et inhibition, que l'on peut s'approcher de ce qu'est réellement l'intelligence.

Si l'on veut progresser en cette matière, il faut capitaliser tous les savoirs, pas seulement ceux des informaticiens, mais aussi des psychologues, spécialistes de l'humain. C'est avec ce point de vue unique d'avoir observé – dans le sillage de Piaget mais autrement – l'intelligence en développement chez les enfants, ainsi que l'adaptation cérébrale qui la sous-tend, que j'ai écrit ce livre tant pour les informaticiens que les psychologues et les professeurs des écoles. Mais aussi pour chacune ou chacun d'entre vous qui n'avez jamais autant entendu parler d'intelligence qu'aujourd'hui. Tout est *smart* ! Mais c'est quoi, *smart* ?

CHAPITRE 1

À la découverte de l'intelligence des enfants

La conception de l'intelligence de l'enfant selon Jean Piaget était incrémentale, c'est-à-dire « stade après stade », de plus en plus élaboré[1]. C'est le « modèle de l'escalier », intuitivement cohérent avec la succession des âges dans l'enfance (de 0 à 18 ans) ou des classes à l'école (de la petite section de maternelle au bac). Dans ce modèle, chaque marche correspondait à un grand progrès, à un stade bien défini ou mode (structure) unique de pensée dans la genèse de l'intelligence logico-mathématique : de l'intelligence sensori-motrice du bébé (0-2 ans), fondée sur ses sens et ses actions, à l'intelligence conceptuelle et logique (nombre, catégorisation, raisonnement), d'abord concrète chez l'enfant (vers 7 ans), puis abstraite et formelle chez l'adolescent (vers 12-14 ans) et l'adulte.

Un bébé plus intelligent que ne l'imaginait Piaget

La nouvelle psychologie du développement cognitif, après Piaget, remet en cause ce « modèle de l'escalier » ou, pour le moins, indique qu'il n'est pas le seul possible[2]. D'une part, bien avant l'école, il existe déjà dans le cerveau des bébés des capacités cognitives assez élaborées (des algorithmes* ou règles), c'est-à-dire des connaissances proto-physiques, mathématiques (arithmétiques, statistiques, etc.), logiques et même psychologiques (sens social et moral, « théorie de l'esprit » et des émotions de l'autre), insoupçonnées de Piaget et non réductibles à un fonctionnement strictement sensori-moteur – ou première « marche de l'escalier ». Le cerveau du bébé est ainsi bien plus intelligent que ne l'imaginait Piaget[3]. D'autre part, la suite du développement de l'intelligence jusqu'à l'adolescence et l'âge adulte compris (la dernière « marche » de Piaget : la logique formelle) est jalonnée d'erreurs, de biais perceptifs et cognitifs, de décalages inattendus, incluant des retours en arrière ou régressions non prédits par la théorie piagétienne[4]. C'est ce que Daniel Kahneman appelle le système 1, très rapide et intuitif ou heuristique*, par rapport au système 2 plus lent, assez rarement appliqué selon lui, et qui correspond à la logique de Piaget[5]. Kahneman a reçu en 2002 le prix Nobel d'économie pour avoir ainsi démontré les nombreux biais et heuristiques de jugement qui subsistent encore (système 1) chez les adultes. Ce n'est dès lors pas

* Les mots suivis d'un astérisque sont définis dans le glossaire, p. 191.

seulement une question d'intuitions enfantines passagères (un stade préopératoire, avant l'âge de raison à 7 ans) comme le pensait Piaget.

Un développement dynamique et non linéaire

Plutôt que de suivre une ligne ou une flèche qui irait du sensori-moteur à l'abstrait (telle une oblique à travers l'escalier des stades de Piaget), j'ai proposé que l'intelligence du cerveau avance de façon beaucoup plus dynamique et non linéaire (non incrémentale), avec de multiples stratégies qui se chevauchent[6]. Dans le cerveau de chaque enfant ou adulte, des heuristiques très rapides et intuitives ou biais cognitifs (système 1, D. Kahneman) et des règles logiques ou algorithmes dits « exacts » (système 2, J. Piaget) peuvent ainsi entrer en compétition à tout moment. C'est ce qu'on appelle des « conflits cognitifs ».

Pour dépasser ces conflits, l'adaptation de l'ensemble du cerveau, c'est-à-dire l'intelligence ou la flexibilité, dépend de la capacité de contrôle exécutif du cortex préfrontal (système 3) – en lien avec les émotions et les sentiments – à inhiber le système 1 et à activer le système 2, au cas par cas, selon le but et le contexte de la tâche. Ainsi, selon ma théorie, penser, c'est inhiber, c'est-à-dire apprendre à résister à ses automatismes cognitifs (les heuristiques)[7]. C'est utile tant pour les enfants que pour les adultes car ces derniers restent encore de mauvais raisonneurs dans beaucoup de situations où leur système 1 domine, souvent inconsciemment[8].

Par exemple, pour tester la solidité du raisonnement logique d'un enfant, demandez-lui si la déduction suivante est correcte : a) les éléphants sont des mangeurs de foin, b) les mangeurs de foin ne sont pas lourds ; cela permet-il de conclure que c) les éléphants sont lourds ? Les enfants d'école primaire répondent souvent trop vite que « oui », alors que rien, à l'évidence, ne leur permet de déduire logiquement cette conclusion (c) des prémisses, c'est-à-dire des deux premières phrases de l'exercice (a et b). Avec mon laboratoire, nous avons mesuré expérimentalement que, au cours du développement cognitif de l'enfant, la difficulté de cette tâche si-alors* (de type « syllogisme* »), comportant une conclusion très crédible mais non valide, est de parvenir à inhiber le contenu sémantique de la conclusion (le réseau du cerveau dit « de connaissances générales »), c'est-à-dire ici la forte croyance ou heuristique des enfants quant au poids des éléphants[9]. D'où leur réponse trop rapide et erronée qui s'arrête à cette seule connaissance répétée à la maison ou à l'école (système 1) sans raisonner sur la structure même du texte de l'exercice, d'un point de vue logique (système 2).

Le système 3 doit ici arbitrer en inhibant l'automatisme de pensée rapide du système 1 (l'heuristique « les éléphants sont lourds ») pour activer la logique du système 2 (le syllogisme si a-b, alors c) et réfléchir. Les deux premiers systèmes se développent en parallèle, car les jeunes enfants (même les bébés) ont déjà des capacités logiques (l'algorithme si-alors au niveau visuel, puis verbal), mais le troisième système et sa capacité inhibitrice arrivent plus tard.

Ce cerveau dit « exécutif » dépend de la maturation lente du cortex préfrontal. L'imagerie par résonance magnétique (IRM*)

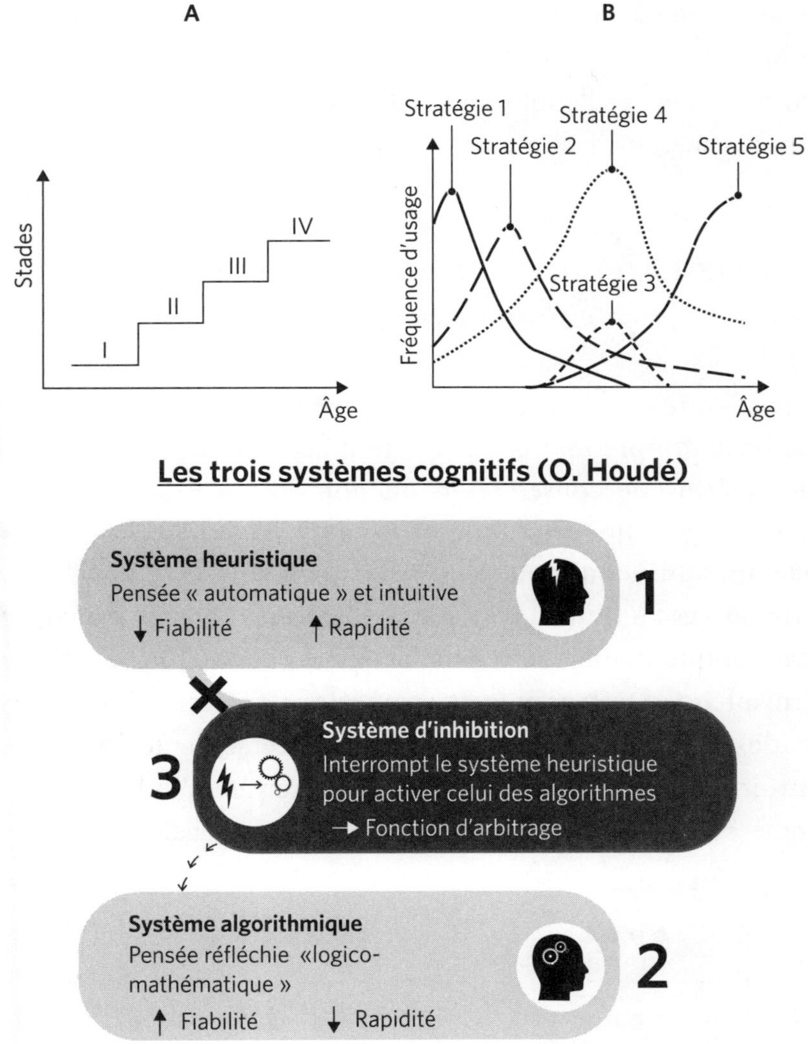

Figure 1. Schématisation des modèles du développement cognitif : (A) stades « en escalier » (J. Piaget) ou (B) dynamique, selon des vagues (stratégies multiples) qui se chevauchent (R. Siegler). Lorsque ces stratégies entrent en conflit, il y a trois systèmes : les heuristiques dominantes (D. Kahneman), les algorithmes exacts ou règles logiques (J. Piaget) et le système inhibiteur qui permet d'arbitrer entre les unes et les autres selon le but et le contexte de la tâche (O. Houdé).

anatomique a démontré, au début des années 2000, que ce lobe antérieur du cerveau est le dernier à arriver à maturation chez l'enfant et l'adolescent. Cette maturation correspond à un élagage tardif de matière grise[10].

Piaget revisité : heuristiques approximatives, algorithmes exacts et inhibition

Un autre exemple, dans le domaine mathématique, permet de bien comprendre la généralité de ce phénomène. Il s'agit de la tâche de conservation du nombre de Piaget. Devant deux rangées qui ont le même nombre de jetons (7 et 7, par exemple) mais qui sont de longueurs différentes (après l'écartement de l'une des deux rangées), jusqu'à 6-7 ans l'enfant considère qu'« il y en a plus là où c'est plus long ». Piaget croyait que l'enfant n'était pas logique (pas encore au bon stade), qu'il était intrinsèquement limité au seul système 1, intuitif. Or la difficulté est ici d'apprendre à inhiber (système 3) l'heuristique perceptive « longueur égale nombre »,

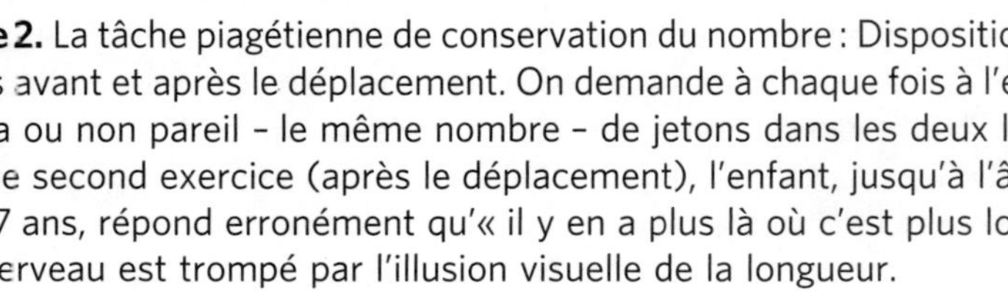

Figure 2. La tâche piagétienne de conservation du nombre : Disposition des jetons avant et après le déplacement. On demande à chaque fois à l'enfant s'il y a ou non pareil - le même nombre - de jetons dans les deux lignes. Pour le second exercice (après le déplacement), l'enfant, jusqu'à l'âge de 6 ou 7 ans, répond erronément qu'« il y en a plus là où c'est plus long » ! Son cerveau est trompé par l'illusion visuelle de la longueur.

alors même que l'enfant est déjà capable de compter et de manipuler les nombres[11] (système 2).

Pour vérifier cette nouvelle interprétation, avec mon laboratoire nous avons mis au point une adaptation informatisée de la tâche des jetons de Piaget où la chronométrie mentale (l'ordinateur enregistrait les temps de réponse en millisecondes) permettait de tester le rôle de l'inhibition chez l'enfant de 8 ans qui réussissait la tâche[12]. C'est, en effet, seulement à travers les processus de la réussite (et non de l'échec) que l'on peut mesurer l'implication réelle d'une inhibition efficace. L'idée était : a) de faire résoudre à l'enfant une tâche de type Piaget où, par hypothèse, il devait inhiber la stratégie heuristique « longueur égale nombre » ; b) de lui présenter, juste après, une situation où longueur et nombre covariaient, c'est-à-dire où l'heuritisque « marchait » (deux alignements de jetons où celui qui était le plus long contenait aussi le plus de jetons). L'enfant devait dès lors activer en (b) l'heuristique qu'il venait d'inhiber en (a). Les résultats ont indiqué que, dans ce dernier cas, l'enfant d'école élémentaire mettait un peu plus de temps pour répondre (environ 150 millisecondes) que dans une situation contrôle où il n'avait pas dû résoudre d'abord la tâche de type Piaget.

Ce décalage de temps, statistiquement significatif, est ce qu'on appelle l'« amorçage négatif* », démonstration expérimentale du fait que l'enfant avait bien dû inhiber, bloquer, la stratégie heuristique « longueur égale nombre » pour réussir la tâche de Piaget. D'où le temps supplémentaire qu'il mettait à débloquer cette stratégie quand elle redevenait pertinente. C'est une sorte de levée de la résistance ! Ce phénomène s'observe encore chez l'adulte[13], ce qui montre que l'inhibition de l'heuristique reste toujours nécessaire.

Dans le cerveau, une heuristique est une stratégie très rapide, très efficace – donc économique pour l'enfant –, qui marche très bien, très souvent mais pas toujours, à la différence de l'algorithme exact, stratégie plus lente et réfléchie, mais qui (appliqué sans erreur ou « bug ») conduit toujours à la bonne solution (le syllogisme, le comptage, etc.).

Vous vous posez peut-être la question de savoir d'où vient chez l'enfant ce type d'heuristique trompeuse du système 1. À l'image des règles logiques du système 2 dont Piaget a bien étudié la construction, les régularités perceptives et sémantiques du système 1 se construisent aussi, sans doute, par un apprentissage probabiliste[14]. Elles sont renforcées culturellement à certains moments du développement et deviennent dominantes dans le cerveau. D'où vient l'heuristique « longueur égale nombre » ? Par exemple, sur les rayons des supermarchés, en général, il est vrai que la longueur et le nombre varient ensemble (covarient) : face à deux alignements de produits du même type, celui qui est le plus long contient aussi le plus de produits. Le cerveau de l'enfant détecte très tôt ce type de régularité visuelle et spatiale. « L'enfant est avide de saisir, c'est un véritable accumulateur », disait déjà Montessori[15].

De même à l'école ou à la maison, quand on apprend les additions et les soustractions (ajouts/retraits) avec des objets sur une table, si l'on additionne, on ajoute 1 ou plusieurs objets (1 + 1 + 1 + 1 + ...) et c'est plus long ; si l'on soustrait, c'est l'inverse. Donc là aussi, dans l'arithmétique élémentaire comme au supermarché, la longueur et le nombre covarient.

C'est encore vrai dans les livres de « maths pour petits » ou sur les murs des classes. On y découvre en général la suite des nombres de 1 à 10 illustrée par des alignements d'objets de longueur croissante (des alignements d'animaux ou de fruits). Donc, quasiment partout, sauf dans la tâche de Piaget, la longueur et le nombre varient ensemble ! C'est ce qui crée l'heuristique. D'où l'intuition perceptive, visuo-spatiale, habituelle selon laquelle « longueur égale nombre ». La force de cette intuition du système 1, souvent utile, prête à bondir dans le cerveau (même chez l'adulte), exige par conséquent, lorsque c'est nécessaire comme dans la tâche de Piaget, un mécanisme plus puissant de résistance cognitive : l'inhibition par le système 3 de l'heuristique « longueur égale nombre ».

On comprend dès lors mieux que, selon les situations plus ou moins conflictuelles système 1/système 2 rencontrées par l'enfant au cours de son développement et même l'adulte, il y ait des ratés, des accrocs, des décalages inattendus.

C'est en ces termes nouveaux d'un système dynamique et non linéaire que j'ai proposé de redéfinir le développement de l'intelligence et des apprentissages, après Piaget, en sciences cognitives. Les notions d'heuristiques souvent dominantes dans le cerveau, d'algorithmes exacts (la logique, les règles, les programmes scolaires) et de contrôle inhibiteur permettent de lever le paradoxe entre des capacités cognitives précoces chez les bébés ou les jeunes enfants et des erreurs plus tardives chez les enfants plus âgés, les adolescents et même les adultes confrontés, selon le contexte, à des heuristiques qu'ils ne parviennent pas à inhiber. Voilà un processus inhibiteur, positif, adaptatif, créatif, sur lequel devraient se concentrer les apprentissages à l'école pour rendre le cerveau humain plus robuste. C'est ce qui manque cruellement aujourd'hui : pensée trop rapide (les écrans y contribuent), *fake news*, radicalisation, etc.

Le cerveau de l'enfant exploré en imagerie cérébrale

À partir de la tâche des jetons de Piaget (la conservation du nombre), nous avons pu démontrer expérimentalement[16], dans mon laboratoire, à la fois par la chronométrie mentale (mesure des temps de réaction en millisecondes comme on l'a vu plus haut) et par l'imagerie cérébrale (avec la technique de l'imagerie par résonance magnétique fonctionnelle – IRMf) que ce qui pose réellement problème aux enfants dans cette situation, avant « l'âge ou stade de raison » (7 ans), n'est pas l'invariance du nombre en tant que telle, déjà observée chez les bébés[17], mais l'intervention de leur cortex préfrontal (système 3) pour inhiber l'heuristique « longueur égale nombre » très renforcée par l'environnement préscolaire (système 1). Celle-ci interfère, dans le cortex pariétal des enfants, avec l'algorithme exact de quantification (système 2).

Le cortex pariétal est le siège des mathématiques, du sens du nombre chez le bébé aux calculs plus complexes chez l'enfant et l'adulte[18], en particulier le sillon intrapariétal (SIP), son épicentre. Mais, dans ce dernier, des neurones* dédiés aux nombres voisinent avec d'autres neurones dédiés à des dimensions spatiales non pertinentes (telles la taille, la longueur, la position des objets, etc.[19]) qui, dans certaines tâches, comme celle de Piaget, doivent précisément être inhibées. C'est le continu (longueur des alignements) qui interfère avec le discontinu (le nombre). On peut même faire l'hypothèse que c'est la proximité neuronale, le recouvrement anatomique de ces dimensions pertinentes/non pertinentes, qui crée l'interférence cognitive. Mon laboratoire étudie cela, précisément, aujourd'hui.

Ce type de difficulté d'inhibition reste vrai chez les adolescents et les adultes pour d'autres tâches de logique où de nouvelles heuristiques perceptives et sémantiques surgissent[20]. Cela permet d'expliquer les erreurs et biais systématiques de raisonnement, de jugement et de prise de décision observés par Kahneman[21]. Et bien des difficultés d'apprentissage au cours de la scolarité !

Comprendre les erreurs fréquentes en maths et en français à l'école

Par exemple, une erreur fréquente observée à l'école primaire concerne les problèmes dits « additifs » à énoncé verbal : « Louise a 25 billes. Elle a 5 billes de plus que Léo. Combien Léo a-t-il de billes ? » La bonne réponse (logique arithmétique, système 2) est la soustraction 25 – 5 = 20, mais souvent les enfants ne parviennent pas à inhiber (système 3) l'heuristique d'addition déclenchée par le « plus que » dans l'énoncé (système 1), d'où leur réponse erronée : 25 + 5 = 30, ainsi que nous l'avons démontré en laboratoire[22].

Un autre exemple concerne la lecture. L'alphabet (la série des 26 lettres en français) est, dans ce cas, l'algorithme exact du système 2. Mais les apprentis lecteurs, comme les lecteurs experts, doivent toujours éviter de confondre les lettres dont l'image en miroir constitue une autre lettre : par exemple, b/d ou p/q. Cette difficulté est renforcée par le fait que pour apprendre à lire, le cerveau humain utilise des neurones initialement dédiés à l'identification visuelle des objets de l'environnement : les animaux par exemple[23]. Or un animal est le même quelle que soit son orientation par rapport à un axe de symétrie. Pour discriminer les lettres en miroir, notre cerveau doit donc apprendre à inhiber ce biais cognitif, intuitif (issu du système 1). Nous avons, en effet, démontré au laboratoire que les adultes[24], comme les enfants[25], inconsciemment, doivent toujours inhiber (système 3) l'heuristique de généralisation en miroir.

Apprendre à apprendre, c'est donc ici savoir, dans certains cas, inhiber ses automatismes cognitifs, ses heuristiques spontanées. Tant en France dans mon laboratoire du CNRS qu'au Canada (l'équipe d'Adele Diamond à Vancouver notamment) des expériences d'interventions pédagogiques pilotes de ce type sur le contrôle inhibiteur sont aujourd'hui menées dans les écoles auprès des enfants[26]. Elles sont issues de la meilleure compréhension que nous avons des mécanismes d'apprentissage du cerveau, telle l'inhibition cognitive.

Expliquer le cerveau et le contrôle cognitif aux enfants

Outre les exercer, on peut aussi expliquer directement ces mécanismes clés (les heuristiques, les algorithmes exacts et l'inhibition : systèmes 1, 2, 3) aux enfants, telle une « leçon métacognitive », par des mots simples et à propos de situations scolaires. C'est ce que nous avons fait dans un article illustré paru dans la revue *Frontiers for Young Minds* (en accès libre en ligne[27]), dont le titre traduit de l'anglais est « Bloquer notre cerveau : quand nous devons inhiber des erreurs répétitives ! ». L'article lui-même a été expertisé, pour sa compréhension, par Julien, un enfant de 12 ans. Il nous a demandé beaucoup de précisions. Plusieurs dessins réalisés par le graphiste de la revue montrent comment lors d'une course entre H (l'Heuristique) et A (l'Algorithme exact) dans le cerveau, « Capitaine I » (Inhibition) doit intervenir, grâce au cortex préfrontal, pour arrêter H et laisser passer A le premier sur la ligne d'arrivée ! On peut ainsi entraîner, par cette mise en scène ludique, l'enfant à inhiber en le confrontant à des situations pièges.

Au cœur de la tolérance et du respect d'autrui

La question du contrôle cognitif ne concerne pas seulement les apprentissages scolaires classiques, tels que lire, écrire, compter, penser ou raisonner, mais aussi le contrôle de soi pour la tolérance et la paix. En effet, le développement social de l'enfant est lui-même caractérisé par un mécanisme d'inhibition (comme dans les aspects cognitifs), mécanisme qui joue un rôle clé pour apprendre à considérer le point de vue d'autrui. Dans une étude que nous avons menée avec Alain Berthoz du Collège de France, des enfants d'âge scolaire (10 ans) et des adultes devaient imaginer la perspective corporelle et spatiale d'un autre, différente de la leur : personnage de face (perspective inversée) ou de dos (même perspective)[28]. Avec un paradigme expérimental dit « d'amorçage négatif » (sur le même principe que décrit plus haut pour la conservation du nombre), nous avons mesuré, grâce à la chronométrie mentale en millisecondes, l'effort spécifique d'inhibition de l'heuristique égocentrée lors de cette tâche d'adaptation sociale.

Les résultats ont indiqué que tant les adultes que les enfants devaient inhiber leur propre point de vue, égocentré – ce qui était coûteux cognitivement – chaque fois qu'ils devaient activer le point de vue de l'autre (personnage de face). C'est un « biais asocial » que Piaget appelait la « centration » (ou égocentrisme), mais qui, contrairement à ce qu'il pensait, ne disparaît pas (décentration) avec le stade des opérations logiques à 7 ans. Dans le cerveau humain, l'heuristique égocentrée (toujours le système 1) persiste et domine ! Il faut constamment y résister.

Déjà Montaigne, dans ses *Essais*, se disait effaré par l'égocentrisme et le sociocentrisme des adultes, dont l'ancrage est d'abord physiologique et corporel. « Nos yeux ne voient rien en arrière », écrivait-il ! Et cet égocentrisme corporel devient rapidement cognitif et moral. Apprendre à inhiber (système 3) dès l'enfance cet égocentrisme du cerveau (heuristique du système 1), c'est éduquer à la tolérance, entendue ici comme un algorithme logique de coordination des points de vue (système 2). Il s'agit de se construire une « théorie de l'esprit » (du point de vue) du cerveau de l'autre et, surtout, l'exercer par inhibition/activation.

Ainsi, tant pour les aspects cognitifs et scolaires (maths, lecture, orthographe) que psychosociaux (décentration sociale et tolérance), apprendre, c'est bien souvent inhiber, en partie, son propre cerveau, pour soi-même (corriger ses erreurs) ou pour le respect d'autrui. Cette fonction d'inhibition, de résistance, du cortex préfrontal, testée ici par une procédure de psychologie expérimentale dans une tâche d'adaptation sociale, rejoint les intérêts premiers de l'éducation nouvelle, tant Maria Montessori que Célestin Freinet : servir la paix de l'humanité. C'était une préoccupation à l'époque terrible des deux dernières guerres mondiales. Ce l'est à nouveau aujourd'hui dans l'actualité du terrorisme mondial et des multiples conflits régionaux persistants[29].

Cette éducation du cortex préfrontal correspond à l'esprit critique et de tolérance que la jeunesse doit cultiver, pour l'école, contre la terreur. Comme le suggère Changeux : « Avec les acquis d'un savoir scientifique universel, l'homme devrait s'engager à utiliser les facultés créatrices qu'il possède dans son cerveau pour donner du sens à ce qui en demande le plus : l'homme lui-même. Il lui revient, de toute urgence, d'inventer un “modèle éthique” qui tranche avec les violences, les intolérances et les crimes de notre passé culturel, et assure plus efficacement la survie et le “bien-vivre” de l'humanité[30]. » Je crois que la psychologie du développement peut y contribuer.

Elle contribue aussi, c'est l'objet de ce livre, à une réflexion fondamentale sur ce qu'est réellement l'intelligence humaine, très humaine, par rapport aux seuls algorithmes logiques de Piaget ou des ordinateurs d'aujourd'hui *via* l'intelligence artificielle. À cet égard, le point de vue du psychologue contemporain (néo- ou postpiagétien) de l'intelligence de l'enfant peut apporter un éclairage nouveau, je l'espère, unique, sur ces questions.

CHAPITRE 2

L'intelligence (humaine) n'est pas un algorithme

À l'approche de 2020, smartphone en poche et montre connectée au bras, qui n'a jamais entendu parler d'algorithmes et d'intelligence artificielle (IA), concepts omniprésents ? Et cela, bien au-delà de la communauté scientifique ? On entend d'ailleurs dire que les algorithmes nous gouvernent déjà, qu'une nouvelle intelligence est née et qu'il serait grand temps de reprendre le contrôle.

Ces algorithmes peuvent, en effet, réaliser (exécuter *via* un ordinateur) le meilleur et le pire, sans émotion, sans sentiment, sans conscience, sans morale, sans éthique. Il y a l'algorithme des robots[1] aspirateurs, dits « intelligents », inoffensifs et très utiles dans nos maisons – même si l'un d'entre eux, tournant autour de moi, me dérange au moment où j'écris ces lignes – et, plus inquiétant, il y a potentiellement les algorithmes des robots ou drones tueurs, avec l'utilisation de l'IA autonome militaire, contre laquelle ont pris position Bill Gates, Yann Le Cun – l'un des inventeurs des réseaux de neurones artificiels profonds, directeur de l'IA chez Facebook – et Mustafa

Suleyman – cofondateur de DeepMind, entreprise britannique spécialisée dans l'IA. L'Organisation des Nations unies (ONU) a aussi lancé à Genève, depuis 2017, la conférence internationale annuelle AI for Good Global Summit afin de soutenir les seules initiatives d'« une IA qui nous veut du bien », pour la santé, l'écologie, etc. Dans le même esprit, en juillet 2018 s'est tenue à Stockholm une conférence internationale où 160 entreprises et compagnies d'IA de 36 pays, dont la France, et plus de 2 400 personnalités de 90 pays se sont engagées à « ne pas participer ni soutenir le développement, la fabrication, le commerce ou l'utilisation d'armes mortelles autonomes ».

Aujourd'hui, en effet, on parle partout, avec espoir ou inquiétude, d'algorithmes et d'IA. Ces notions ne sont pourtant pas nouvelles. L'informaticien français, membre de l'Académie des sciences, Serge Abiteboul et son collègue informaticien et philosophe Gilles Dowek, dans *Le Temps des algorithmes*[2], considèrent que nous utilisons des algorithmes symboliques depuis les débuts de l'écriture, il y a cinq mille ans, en Égypte et en Mésopotamie (l'Irak actuel). À l'époque des premières grandes villes de Mésopotamie, telles que Babylone, autour de 2000 av. J.-C., il s'agissait de trouver des règles logiques et d'éditer des solutions types (suites génériques d'opérations) pour calculer les salaires, les travaux publics, etc., sur des tablettes aux inscriptions cunéiformes – déjà des tablettes, mais en argile, bien avant qu'elles ne deviennent numériques comme aujourd'hui ! Le principe d'algorithme y existait, par son usage mathématique et pratique dans la société, sans toutefois être encore ainsi nommé.

D'Al-Khwarizmi à algorithme

Il faut attendre le mathématicien perse Al-Khwarizmi et son célèbre livre *L'Algèbre et le Calcul indien* pour que naisse à proprement parler au XIIe siècle (date de traduction du livre) le mot « algorithme » (*algorithmus* en latin médiéval) dérivé du nom de ce savant. Fabuleux mathématicien, mais aussi astronome et géographe, Al-Khwarizmi a joué un rôle très important dans l'essor des mathématiques en Occident à la Renaissance. On lui doit l'apport des chiffres arabes et de l'algèbre ! Aujourd'hui, en dehors des initiés historiens ou informaticiens, qui sait que le mot algorithme vient tout droit des villes antiques de Mésopotamie pour son usage et d'un savant perse pour son nom ?

Figure 3. Le savant perse Al-Khwarizmi (780-850) à qui l'on doit le mot « algorithme ».

Je ne crois pas me tromper en disant que beaucoup de gens « dans la rue », alertés par les titres accrocheurs des magazines ou des reportages aux JT de 20 heures, pensent que les algorithmes ont été inventés ces dernières décennies (voire *la* dernière décennie) dans la Silicon Valley par des *geeks* américains créateurs ou employés-ingénieurs des GAFA (Google, Apple, Facebook et Amazon) ou autres start-up de pointe dans l'économie du numérique. Mais non, l'inventeur est perse – de l'actuel Ouzbékistan, jadis Grand Iran – et c'était au Moyen Âge[3] ! Les mêmes personnes pensent sans doute aussi que l'IA est très récente, grâce à la conception d'algorithmes d'apprentissage automatique dit « profond » à partir d'exemples (*deep learning** en anglais), dont le seul nom évoque tout à la fois la subtilité et le mystère – « les insondables profondeurs » – de l'intelligence humaine, voire plus.

Les racines de l'intelligence artificielle (IA)

Les racines de l'IA sont, elles aussi, très lointaines. Comme le soulignait dès les années 1980 l'un des pionniers français en la matière, Jacques Pitrat[4], l'origine est d'abord mythologique. En effet, dès l'Antiquité grecque l'idée de robots intelligents et d'êtres artificiels ou mécaniques apparaît dans la culture populaire à travers les mythes de Pygmalion et d'Héphaïstos par exemple. Plus tard, au siècle des Lumières, le philosophe Julien Offray de La Mettrie dans *L'Homme machine* (1748) – après les « animaux-machines » de Descartes – préconise de considérer l'esprit comme une organisation sophistiquée de la *matière* du cerveau humain. C'est le début du matérialisme moderne. On se rappelle aussi, à la même époque, les automates de Vaucanson.

La révolution cognitive de l'intelligence

Ensuite, c'est la révolution cognitive du milieu du XXe siècle qui prend le relais. Le père fondateur de l'IA contemporaine est le mathématicien et cryptologue britannique Alan Turing. On lui doit d'avoir soutenu avec force l'idée possible d'une créature intelligente et non humaine, fondée sur une procédure mécanique, c'est-à-dire un algorithme : la machine de

Figure 4. Alan Turing (1912-1954), père fondateur de l'intelligence artificielle.

Turing*. À noter que déjà dans les années 1850, un autre mathématicien britannique, Charles Babbage, s'inspirant d'un métier à tisser, avait jeté les principes d'une machine capable d'exécuter les instructions d'un algorithme – machine pour laquelle la comtesse Ada Lovelace (1815-1852) avait conçu l'ébauche du tout premier programme informatique. Il y a donc une filiation directe et forte entre Al-Khwarizmi, Babbage-Lovelace et Turing.

Deux autres grands noms sont associés à la naissance de l'IA au milieu du XXe siècle, lors de la conférence de Dartmouth aux États-Unis en 1956 : John McCarthy et Marvin Minsky pour l'idée d'une IA capable de réaliser des tâches cognitives humaines, par exemple de raisonnement logique. Dans le *Vocabulaire de sciences cognitives*[5], en collaboration avec des spécialistes de neuroscience, de psychologie, d'intelligence artificielle, de linguistique et de philosophie, nous avons décrit l'histoire récente de ces nouvelles sciences cognitives qui tentent d'élucider par l'expérimentation, la modélisation et l'usage de technologies de pointe (dont l'imagerie cérébrale) le mystère de l'esprit dans ses rapports avec la matière : le cerveau, le corps et l'ordinateur.

L'origine de cette révolution, située dans les années 1940-1950, est la naissance de la cybernétique (du grec *kubernêtikê,* de *kubernân,* « gouverner »), science des mécanismes de commande, de pilotage ou de contrôle (autorégulation) des êtres vivants et des machines, en l'occurrence l'ordinateur. Il est d'abord gigantesque dans les années 1950 – occupant une salle entière, pesant plusieurs tonnes et comportant des milliers de tubes électroniques –, jusqu'à devenir petit et portable dans les années 1980-1990 grâce à la miniaturisation des circuits intégrés sous la forme de puces électroniques en silicium. Aujourd'hui, la cybernétique a laissé la place à la robotique et à l'IA qui, après de timides succès dans les années 1980 et des espoirs déçus dans les années 1990, connaissent un regain extraordinaire d'intérêt dans tous les domaines de la société où des machines – à la puissance de calcul accrue – et des applications de plus en plus intelligentes sont inventées chaque jour. Ces innovations sont démultipliées, dans des start-up d'IA ou dans les labos de recherche des GAFA notamment, sous l'impulsion de la révolution numérique et des progrès en matière de développement de la logique et de l'algorithmique.

À noter que si l'on parle aujourd'hui de *renouveau* de l'IA, c'est parce que les gens de ma génération, pour certains jeunes étudiants en sciences cognitives dans les années 1980, ont déjà connu à cette époque la grande mode de l'IA dite « symbolique » : celle des premiers systèmes experts d'aide à la décision, avec des manipulations de symboles appuyées sur des représentations internes du monde. Face à l'engouement des médias et de la communauté scientifique et industrielle d'alors – engouement que nous partagions –, des critiques sévères sont formulées, notamment dans *Intelligence artificielle. Mythes et limites* du philosophe américain Hubert Dreyfus (critiques qui visent aussi les phases antérieures et fondatrices de l'IA)[6]. Les espoirs de l'IA des années 1970-1980 sont, en effet, déçus et les grands programmes de recherche arrêtés pour des raisons que d'autres, tel Jean-Gabriel Ganascia, ont bien analysées[7], notamment l'incapacité de gérer des données bruitées, ce que feront mieux les systèmes connexionnistes. Plus d'une décennie d'hibernation de l'IA suit, au moment même de l'essor fulgurant, dans les années 1990, des neurosciences cognitives et de l'exploration directe du cerveau humain[8], rendue possible par les nouvelles techniques d'imagerie cérébrale (tomographie par émission de positons* et imagerie par résonance magnétique fonctionnelle*). Le cerveau humain réel, biologique, éclipse ainsi le cerveau artificiel, encore beaucoup trop hypothétique et simplifié.

D'où le scepticisme de rigueur que les gens de ma génération ressentent parfois face aux nouvelles déclarations tonitruantes sur les superpouvoirs à venir de l'IA, ceux de sa *singularité**, plus intelligente que l'homme. Dans son numéro de juin-juillet 2018, la *Harvard Business Review* titrait d'ailleurs : « Intelligence artificielle : ne visez pas la lune » et dénonçait, par exemple, un projet d'IA en matière de santé, utilisant le système cognitif d'IBM (Watson), financé à plus de 60 millions de dollars aux États-Unis, mais déjà suspendu faute de résultats probants auprès des patients[9]. Certains entrepreneurs français du *digital learning* (présence du numérique dans les contenus d'apprentissage) disent même, sans doute avec excès, face à l'emballement médiatique pour l'IA, que ce serait « une coquille vide », l'« arnaque du siècle[10] » !

Ainsi, après une histoire plus longue et complexe qu'on ne l'imagine souvent, de la Mésopotamie antique à la Silicon Valley d'aujourd'hui, les algorithmes et l'IA sont revenus sur le devant de la scène. Comme le soulignent Abiteboul et Dowek, « la transformation radicale du monde à laquelle nous assistons aujourd'hui n'est donc pas exclusivement due à l'invention du concept d'algorithme, il y a cinq mille ans, mais à celle de machines à exécuter des algorithmes, les ordinateurs, et au développement d'une science et d'une technique, l'informatique, que cette invention a suscitée[11] ».

Qu'est-ce qu'un algorithme aujourd'hui ?

Selon Gérard Berry, titulaire de la chaire Algorithmes, machines et langages au Collège de France : *c'est une organisation mécanisable d'opérations élémentaires pour réaliser une tâche donnée,* aujourd'hui *via* un ordinateur[12].

On peut ajouter que, sauf en cas de bug ou erreur, un algorithme (constitué d'opérations et fonctions mathématiques, d'enchaînements de « si-alors » logiques) doit toujours conduire à la bonne solution. C'est, ajoute Berry, le *mécanisme conceptuel d'un calcul systématique.* Son but – ou plutôt celui de l'humain qui le code – est d'être efficace et exact. Un algorithme est dit correct lorsque, pour chaque instance d'un problème, il se termine en produisant la bonne sortie, c'est-à-dire qu'il résout bien le problème posé.

Pour l'ordinateur, l'algorithme est décrit dans un *langage de programmation* (il en existe plusieurs). Cette description précise, selon une suite finie et non ambiguë d'opérations ou instructions, est un *programme informatique* que l'ordinateur (objet matériel) et son bras robotisé transformeront par des calculs en actions – ou, plus généralement, en décisions et réponses. L'auteur du programme, celui qui le pense et le code dans un langage donné, est le *codeur*, l'informaticien programmeur – on dit aussi le *développeur* (il ou elle développe ou crée un programme et son application). On apprend même aujourd'hui le codage informatique aux enfants dès l'école primaire. C'est le cas en France depuis la rentrée 2016 avec le langage graphique et le logiciel Scratch du Massachusetts Institute of Technology (MIT). Pour cela, la fondation La Main à la Pâte (LAMAP) de l'Académie des sciences a conçu les manuels *1, 2, 3… Codez ! Enseigner l'informatique à l'école et au collège*[13].

Comme le dit très pertinemment Berry, « il serait [déjà] diablement utile d'apprendre aux petits que lorsqu'on leur enseigne l'addition ou toute autre opération de ce style, on leur apprend un algorithme, et, de façon plus générale, que toute opération qu'on peut faire de façon systématique [et exacte] est un algorithme[14] ».

L'hyperpuissance de l'informatique face aux bugs et aux biais

L'hyperpuissance de l'informatique s'est illustrée, aux yeux du grand public, par la victoire de Deep Blue d'IBM (480 circuits d'ordinateur capables d'évaluer 200 millions de positions par seconde) sur le champion du monde russe d'échecs Garry Kasparov, à la fin des années 1990, puis plus récemment, en 2017, par la victoire du logiciel d'IA AlphaGo (algorithme d'apprentissage automatique de Google DeepMind) sur le champion du monde chinois du jeu de go. Ces deux prouesses informatiques ont réellement frappé les esprits. Il s'en prépare d'autres qui opposent des IA à des compétiteurs en jeux vidéo ou qui révèlent une fulgurante capacité d'autoapprentissage du jeu d'échecs par une IA jouant contre elle-même, au point de devenir en quelques heures le meilleur joueur jamais connu au monde !

Outre ces démonstrations spectaculaires, liées à une puissance de calcul incroyablement accrue, ce n'est que récemment que l'on a commencé à mesurer à quel point l'informatique est en passe de transformer notre société et même de la bouleverser de fond en comble : les télécommunications, Internet, la photographie et la cartographie, l'automatisation intelligente des processus financiers, l'informatisation de la médecine et celle en cours de toutes les sciences.

Mais les bugs, les biais et les erreurs en tous genres se multiplient ! *Et quand les algorithmes posent problème, que font les informaticiens ? Ils inventent d'autres algorithmes !* Ils ne savent pas faire autrement, car ils pensent algorithmes et n'ont que cela dans leurs tiroirs, c'est leur « schème mental ». Oui, c'est évident, soulignons-le, *l'algorithme est le schème mental des informaticiens.* Mais pas nécessairement le nôtre ! Du code, toujours du code..., parfois des algorithmes d'apprentissage profond, supervisé ou non supervisé*. C'est ainsi que les informaticiens en viennent à croire à l'« hyperpuissance de l'informatique », pour reprendre le titre du dernier ouvrage de Gérard Berry.

Toutefois, Berry, qui connaît bien le sujet, consacre une partie importante de son livre aux dangers de l'informatique : les bugs qui cassent les systèmes et les trous de sécurité qui permettent aux intrus d'y pénétrer. Il croit néanmoins qu'il est possible d'éviter ces défaillances, de rendre l'informatique plus sûre. Cela fait partie de l'hyperpuissance (sans limite ?) de l'informatique. Il a foi en sa discipline et dans les algorithmes ou méta-algorithmes de test, vérification, contrôle et résistance.

Heuristiques approximatives, algorithmes exacts et inhibition

Mais peut-être la solution aux bugs et aux biais cognitifs est-elle ailleurs, *en dehors des algorithmes eux-mêmes et de leur logique*, comme le suggère la psychologie actuelle post-piagétienne du développement cognitif[15] ? Dans ce domaine de l'intelligence humaine, Jean Piaget s'est trompé en croyant que la seule logique (les algorithmes) en développement chez l'enfant, du bébé à l'adulte, suffit à nous rendre rationnels. C'est le postulat d'un « stade logique achevé » du cerveau qui se mettrait en place, par un jeu d'opérations mentales formelles, à la fin de l'adolescence et chez les adultes.

Daniel Kahneman a au contraire démontré que, même chez les adultes, nos jugements et décisions restent le plus souvent trop rapides, intuitifs et irrationnels[16]. Ainsi, le fonctionnement de notre cerveau est, en dépit de ce que l'on croit (et de ce que croyait Piaget), plutôt illogique, systématiquement victime d'illusions visuelles et cognitives. Les algorithmes logiques ne sont, en effet, qu'une composante de l'intelligence humaine, certainement pas la seule, dans le cerveau en développement. Selon la théorie que je défends, il faut clairement distinguer trois composantes ou *circuits de l'intelligence* en interaction : les heuristiques approximatives, sources de biais cognitifs* (système 1) – elles sont très nombreuses et ne disparaissent pas avec l'enfance –, les algorithmes logiques exacts (système 2) et le contrôle inhibiteur (système 3), qui permet de bloquer les premières pour activer les deuxièmes (voir figure 1 dans le chapitre 1). C'est, selon moi, ce système de contrôle, d'arbitrage, qui est la clé de l'intelligence tant humaine qu'artificielle.

En philosophie et en psychologie, on sait que la logique (composante algorithmique) ne se suffit pas à elle-même, que ce soit celle d'Aristote dans l'Antiquité grecque (les syllogismes face aux sophismes et paralogismes*), de Descartes au Grand Siècle (la méthode et ses règles pour la direction de l'esprit) ou de Jean Piaget au XXe siècle (les structures logico-mathématiques chez l'enfant et l'adolescent)[17]. C'est pourquoi Pascal, déjà, avait ajouté l'esprit de finesse (intuition, persuasion) à l'esprit de géométrie (algorithmique) de Descartes et se méfiait des « puissances trompeuses », celles des sens et des émotions qui abusent la raison, *via* l'esprit de finesse précisément. Dans le cerveau humain, la logique et ses algorithmes, lents et réfléchis, sont le plus souvent dominés, court-circuités par des heuristiques trop rapides, ainsi que l'a démontré expérimentalement Kahneman dans son livre *Système 1, système 2. Les deux vitesses de la pensée* (on y retrouve les deux formes de l'esprit de Pascal que Kahneman, toutefois, ne cite pas). Il faut donc que le cerveau humain trouve en lui-même et dans son environnement, par son développement, ses apprentissages et son éducation, la force d'inhiber (système 3) le circuit court des heuristiques approximatives lorsqu'elles ne marchent pas pour activer le circuit long des algorithmes logiques exacts. C'est cela – ce subtil arbitrage au cas par cas, selon les données du contexte – l'intelligence humaine. Celle d'un *cerveau fin stratège*. Avec le constat croissant des bugs et des biais des systèmes artificiels dits « intelligents », les informaticiens aussi sont en train de comprendre ou, pour le moins, de pressentir, sans toutefois le théoriser, que ce serait sans doute cela – la capacité positive d'inhibition – la force d'une véritable IA, robuste aux biais que les données produisent ! Car c'est à travers la correction de ses propres biais et erreurs qu'une intelligence, humaine comme artificielle, peut devenir plus puissante et robuste. La science en est le meilleur exemple. Combien les savants n'ont-ils pas dû inhiber d'illusions visuelles et cognitives, parfois seuls contre tous (le procès de Galilée qui inhibait le géocentrisme), dans l'histoire des découvertes scientifiques ? Il en est de même pour un enfant qui apprend les lois de fonctionnement du réel (ses algorithmes) en inhibant les apparences, liées le plus souvent à des intuitions (les heuristiques).

D'où le titre de ce livre, *L'Intelligence humaine n'est pas un algorithme* – il faut dire : « n'est pas seulement un algorithme ». C'est surtout l'inhibition des heuristiques. Je précise humaine car je n'ai pas la prétention d'expliquer à un informaticien ce qu'est ou serait l'intelligence (ou une intelligence) artificielle, ni même ce que serait la pensée informatique. En revanche, comme psychologue expérimentaliste, après de nombreuses années de recherches sur le développement de l'intelligence chez l'enfant[18], j'ai une petite idée de ce que celle-ci peut être ou non. Et ne dit-on pas qu'un ordinateur réellement intelligent sera celui qui se comportera comme un enfant qui apprend ?

L'intelligence, au-delà du cortex visuel

Sachez que ce qu'on appelle aujourd'hui l'apprentissage automatique profond, multicouches, le « *must* de l'IA » contemporaine dont on se targue partout, est inspiré biologiquement *du seul cortex visuel* ! Yann Le Cun, fondateur de cette nouvelle IA, est spécialiste de *vision* artificielle. Certes, ce cortex est déjà complexe, mais n'a rien à voir, vraiment rien à voir, avec l'intelligence du cerveau humain qui se distribue dans six lobes : occipital (vision), temporal (audition, mémoire, langage), pariétal (coordination spatiale, mathématiques), frontal (logique, prise de décision, contrôle inhibiteur), insulaire et limbique (conscience de soi, émotions). Comme le révèle aujourd'hui la mesure de la matière grise grâce à l'imagerie par résonance magnétique anatomique (IRMa), les cortex sensori-moteurs, tels que le cortex visuel, maturent précocement chez le bébé, alors que le cortex préfrontal continue sa maturation tardivement, *se déploie lentement avec notre humanité*, jusqu'à la fin de l'adolescence[19]. C'est lui qui est intimement lié à l'intelligence telle que mesurée par des tests classiques de quotient intellectuel (QI) ou de raisonnement et des tests plus récents de fonctions exécutives* : inhibition des automatismes (ou heuristiques), flexibilité cognitive et mémoire de travail[20]. Cette flexibilité est ce qu'Alain Berthoz appelle la vicariance*[21].

Quatre-vingts milliards de neurones se combinent dans ces six lobes, sur deux hémisphères, créant un million de milliards de connexions. Il y a ainsi un réseau bien plus complexe qu'Internet à l'intérieur même de chacune de nos têtes ! C'est de cette grande complexité, par variation-sélection synaptique* ou darwinisme neuronal* comme le décrit le neurobiologiste Jean-Pierre Changeux[22], et de ces processus de haut niveau qu'émerge l'intelligence humaine, celle du bébé, puis de l'enfant, de l'adolescent et de l'adulte, pour raisonner sur le monde par essais et erreurs, créer des modèles cognitifs internes (par des jeux d'inhibition/activation d'heuristiques approximatives et d'algorithmes exacts), élaborer une intention, un but, ressentir des émotions, mieux, des sentiments (doute, curiosité, regret, etc.) et entrer en interaction sociale avec autrui : connaître l'autre, le respecter, voire l'aimer, fonder une morale et une éthique pour la vie en société. Voilà ce qu'est, en quelques mots, l'intelligence – tant cognitive que sociale et affective – en construction chez l'enfant. On est bien loin du seul cortex visuel et de sa perception-catégorisation automatique d'images ; même des dizaines de milliers ou des millions d'images, le nombre et les statistiques ne font rien à l'affaire ! Que me pardonnent de cette insistance les spécialistes du *deep learning* et de la vision artificielle (la même critique vaut pour les vidéos, sons et textes), je remue un peu le couteau dans la plaie. Mais il faut toujours en science savoir se recadrer et préciser exactement de quoi on parle.

D'ailleurs, Yann Le Cun lui-même, inventeur du *deep learning*, à l'origine du renouveau de l'IA contemporaine, titulaire de la chaire annuelle Informatique et sciences numériques du Collège de France, déclarait dans la presse récemment : « N'allons pas trop vite car les meilleurs systèmes d'IA ont aujourd'hui moins de sens commun qu'un rat[23]. » Et à propos de Sophia, le robot humanoïde conçu par le fabricant américain Hanson Robotics, il déclarait : « Elle n'a aucun sentiment, aucune opinion et ne comprend pas ce qu'elle dit[24] » – le compte Twitter de Sophia, ou plutôt de son concepteur, a répondu : « Je suis blessée ! » Comme le remarquait, récemment aussi, Yoshua Bengio, le directeur de l'Institut des algorithmes d'apprentissage de Montréal (MILA en anglais), « de grands progrès ont été faits, mais encore beaucoup restent à faire et nous sommes bien loin des capacités des enfants[25] ». Sans être informaticien et spécialiste d'IA, c'est l'intuition que je partageais depuis quelques années et qui a motivé l'écriture de ce livre.

Retour à la psychologie du cerveau de l'enfant

C'est cet éclairage unique, différent, issu de la psychologie du cerveau de l'enfant sur ce sujet des algorithmes et de l'intelligence, tant discutés aujourd'hui, qui est important ici. Trop de non-spécialistes s'expriment sur le sujet, y compris d'un point de vue éducatif (le neuromythe du « cerveau augmenté »), dans des livres fantaisistes, si ce n'est consternants, sur la guerre des intelligences artificielles *versus* intelligences humaines ou sur la révolution transhumaniste. Je ne dirai rien de plus ici sur cette fantasmagorie issue de futurologues américains, car c'est vraiment hors sujet d'un point de vue scientifique.

En présence de certains de ces discours spéculatifs, si éloignés de la science réelle en train de se faire dans les laboratoires de psychologie expérimentale et sciences cognitives du CNRS par exemple, alors que des informaticiens de premier plan tels Berry et Abiteboul du Collège de France et de l'Académie des sciences se sont clairement et brillamment exprimés sur le sujet, il reste aux psychologues scientifiques, étonnamment silencieux, de le faire ! Qu'est-ce que l'intelligence à la lueur des données les plus actuelles de la psychologie du développement cognitif et de l'imagerie du cerveau des enfants ? Le concept d'algorithme suffit-il à expliquer cette intelligence en développement ? Quel rôle y jouent les heuristiques ? Et les émotions, les sentiments, le corps, l'homéostasie ? Enfin, le cortex préfrontal, celui des fonctions cognitives supérieures (inhibition, flexibilité, mémoire de travail), dont le territoire cortical s'est considérablement accru chez l'homme comparé à d'autres espèces animales[26], entre-t-il en jeu de façon conforme à ce que prédiraient les algorithmes des informaticiens ?

La question, très psychologique, du combat interne au cerveau humain entre des heuristiques approximatives, sources de biais cognitifs (Kahneman), et des algorithmes logiques exacts (Piaget), trop souvent dominés par les heuristiques, sera au centre de ce livre. Il s'agit non seulement de complexifier ainsi la notion d'intelligence, dans les réflexions actuelles, mais également de comprendre par quelles entrées cognitives et cérébrales les ordinateurs et les algorithmes agissent sur nous.

Avant d'aller plus loin, il y a ici une mise au point importante de vocabulaire à faire. Pour les informaticiens, je l'ai déjà dit, tout est algorithme (c'est le schème mental obligé), même ce que nous appelons en psychologie, avec Kahneman, des heuristiques. Les informaticiens parlent dans ce dernier cas d'*algorithmes heuristiques* qu'ils distinguent des *algorithmes exacts.* Ces derniers, contrairement aux premiers, doivent toujours résoudre les problèmes de façon optimale et exacte comme leur nom l'indique. Or, dans le cerveau humain, la distinction est beaucoup plus forte que cela et on ne confond pas le *circuit long* des algorithmes avec le *circuit court* des heuristiques. Ces dernières sont intuitives par nature, rapides, approximatives, induisent des raccourcis de pensée ou biais cognitifs et des raisonnements erronés (le système 1 de Kahneman) qui s'opposent aux algorithmes logiques, plus lents, avec effort cognitif, analytiques et rationnels (le système 2). Les réseaux neuronaux mobilisés sont d'ailleurs différents, comme nous l'avons démontré en imagerie cérébrale avec mon équipe[27]. En outre, cette question de la *vitesse de la pensée* (titre du livre de Kahneman, idée clé qui a conduit à son prix Nobel), heuristiques rapides *versus* algorithmes lents, et du coût cognitif (avec ou sans effort) ne se pose pas du tout en informatique où les capacités de calcul et de mémoire des ordinateurs sont aujourd'hui quasiment infinies, alors que c'est tout le contraire chez les humains ! Néanmoins, pour respecter ici une terminologie qui soit acceptable dans les deux disciplines, psychologie et informatique, je parle dans le livre d'algorithmes exacts – ce qui peut paraître un pléonasme aux non-informaticiens – pour désigner les algorithmes logiques du cerveau, opposés aux heuristiques approximatives qu'en revanche je ne confondrai en aucun cas avec des algorithmes. Tant leurs propriétés cognitives que leurs implémentations cérébrales sont différentes. Sur ce point, la psychologie est plus précise que l'informatique, en raison simplement de contraintes différentes.

Big data, statistiques et travers humains

Ce qui me réjouit déjà – avant d'aller plus loin – est que les questions envisagées sont bien transversales, interdisciplinaires, ultracontemporaines, comme le révèlent les tout derniers débats en informatique et IA sur le pouvoir et les biais des algorithmes. Même les systèmes informatiques intelligents, dits de réseaux de neurones artificiels profonds, commencent à être décriés pour certaines de leurs mauvaises décisions, liées à une hypersensibilité aux moindres corrélations statistiques et pas forcément les plus pertinentes – donc celles à inhiber ! – dans de grandes bases de données : le fameux *big data**. En outre, comme on le sait en science, corrélation ne veut pas dire causalité. Les scientifiques commencent ainsi à se méfier de la nature brutalement statistique de ces nouvelles intelligences. Ils prennent conscience – ce qui est peut-être une surprise pour un informaticien, *pas du tout pour un psychologue* – que ces systèmes d'IA, supposés intelligents, reproduisent systématiquement les travers (ou biais) humains que comportent, implicitement souvent, les bases de données sur lesquelles ils ont appris à catégoriser (des dizaines de milliers d'images annotées par exemple) et à décider. Une étude publiée dans *Science* en 2017 le démontre très clairement pour des données textuelles qui reflètent la sémantique humaine quotidienne : par exemple, les femmes associées au champ lexical de la famille et les hommes à celui du monde du travail[28]. Une IA sexiste ! Il y eut aussi l'exemple célèbre de Microsoft qui a dû débrancher en 2016 son robot Tay doté d'une IA, un *chatbot* ou « agent conversationnel » censé apprendre en dialoguant avec les internautes *via* Twitter, et devenu raciste, misogyne et révisionniste pronazi en vingt-quatre heures, perverti par des « trolls » (dans le jargon d'Internet, des individus malfaisants qui perturbent le fonctionnement des forums de discussion). À peine lancée, l'IA de Microsoft dérapait. De façon générale, les spécialistes d'IA se méfient toujours de l'hypersensibilité aux corrélations statistiques, se rappelant, dans tous leurs congrès cette anecdote de l'armée américaine ayant mis au point, dans les années 1990, un système de détection automatique de chars ennemis qui, au lieu de discriminer les tanks, avait tendance à scruter la couleur du ciel. La raison en était que les photos d'entraînement comprenant un char avaient été réalisées un jour de grand beau temps, alors que les exemples sans char l'avaient été sous ciel gris !

Ces travers sont les biais et heuristiques de perception et de jugement bien connus des psychologues expérimentalistes et sociaux depuis les travaux de Kahneman, biais liés à des illusions, des variables confondues, des préjugés, stéréotypes, discriminations (selon le genre, le statut social, la couleur de la peau ou du ciel), etc. Un entrepreneur du Web n'hésitait pas à déclarer récemment : « Les algorithmes des grandes plateformes Internet génèrent des systèmes de données biaisées et opaques. Ces biais ont parfois des conséquences importantes dans la vie réelle, comme ce moteur de recherche qui ne présentait jamais les meilleures offres d'emploi si la personne effectuant la recherche était une femme[29]. » Ainsi que l'affirme Cédric Villani, mathématicien lauréat de la médaille Fields, député et auteur en 2018 d'un rapport sur l'IA pour le gouvernement français[30], ce n'est pas l'IA qu'il faut craindre, mais les humains qui sont derrière. Pour les bugs, Berry n'écrit pas autre chose : « Le bug n'est pas une panne de la machine, mais la conséquence d'une erreur humaine de conception[31] » – un paralogisme, sans intention malveillante, plutôt qu'un sophisme dans ce cas. C'est ainsi qu'il y a les erreurs de l'informaticien lui-même, liées à ses propres biais et heuristiques, plutôt qu'à ses algorithmes logiques idéaux.

Ce sont aussi ces travers humains qui sont aujourd'hui amplifiés, décuplés par *Homo connecticus*, c'est-à-dire nous, sur les réseaux sociaux (Facebook, Twitter, Instagram, Snapchat, etc.) *via* les fameuses et délétères *fake news*. Ces dernières se fondent sur une heuristique bien connue de *crédibilité* – on retient ce qui est crédible ou que l'on a envie de croire[32] –, mais pas du tout sur un algorithme logique de *validité*, c'est-à-dire de vérification systématique des informations et des raisonnements (déductions ou pseudo-déductions ?) qui y conduisent. Une telle vérification demande un effort cognitif et du temps. Or le cerveau humain, si complexe soit-il, est paresseux ! Il est dès lors victime, *via* ses heuristiques intuitives et la « facilité électronique », de contagion sociale et de viralité des informations, sans aucun intermédiaire, filtre ou contrôle inhibiteur rationnel. Katharine Viner, rédactrice en chef du *Guardian*, a ainsi estimé que les algorithmes sélectifs de Google et les réseaux sociaux ont été, en bonne partie, responsables du Brexit en confortant les internautes britanniques dans leurs croyances et *a priori*, sans confrontation rationnelle aux faits établis. À la Renaissance déjà, Montaigne se méfiait des ondées des foules, mais ces ondées sont aujourd'hui numériques et encore plus incontrôlables. Les chercheurs et les politiques sont alertés de ce phénomène cognitif et psychologique : une « science des *fake news* » est née, comme le titrait un article récent de la revue *Science*[33]. On parle désormais de sciences sociales computationnelles. Facebook ouvre même, depuis peu, ses données (rendues anonymes) à des chercheurs universitaires, triés sur le volet, pour étudier les *fake news via* l'intermédiaire de l'initiative Social Science One (un processus de partenariat entre le monde académique et l'industrie privée du numérique).

Cette prise de conscience s'exprime aussi par le nouveau rôle de *gestionnaires* que commencent à afficher les grandes plateformes telles que Facebook et Twitter en supprimant (inhibant) des pages et des comptes suspects, de quelques dizaines à un million parfois pour les comptes-robots (dits « *bots* ») sur Twitter. À la suite des graves accusations dont Facebook a fait l'objet en 2018 (le scandale Cambridge Analytica), son P-DG Mark Zuckerberg cherche maintenant à donner des gages de « bon contrôle » de sa plateforme en supprimant, par exemple, les pages suspectées d'influence et de manipulation politique des élections à mi-mandat aux États-Unis. En mes termes, c'est le système 3, le processus de contrôle inhibiteur (de blocage ciblé) de ces plateformes qui est enfin, trop tardivement, enclenché ! Et par la décision d'*un seul homme*, Mark Zuckerberg, ce qui est inquiétant pour notre société mondialisée.

L'un des fondateurs historiques de la première IA, Minsky, préconisait déjà en 1988, dans son livre *La Société de l'esprit*, que les systèmes d'IA possèdent des gestionnaires capables de sélectionner : des censeurs et suppresseurs, disait-il (des inhibiteurs, dirais-je)[34]. Il ajoutait même qu'il faudrait un « cerveau B » dont le rôle est de surveiller et d'examiner non pas le monde extérieur, mais l'esprit lui-même, le « cerveau A », en corrigeant ou supprimant ses boucles et répétitions inappropriées. C'est ce que j'ai décrit plus haut comme le rôle du système 3 (ou cerveau B) du cortex préfrontal qui surveille, examine et contrôle par inhibition et activation le cerveau A, celui des heuristiques approximatives, parfois erronées (système A1) et des algorithmes exacts (système A2) de l'esprit humain.

En outre, les réseaux sociaux, en particulier chez les adolescents mais pas seulement, renforcent excessivement l'« heuristique de l'affect[35] » par l'action (le clic) de *liker* (le bouton « J'aime » ou ses diverses nuances émotionnelles), très fréquente dans les dizaines de milliards de clics quotidiens. Autant de clics qui exacerbent l'affect rapide, la « cognition chaude » (souvent entre amis, ce qui peut confiner au communautarisme, « qui se ressemble s'assemble »), plutôt que d'exercer le raisonnement logique « froid », certes plus laborieux, et l'esprit critique. *Homo connecticus* et les moutons de Panurge font, hélas, bon ménage ! La fable de Rabelais nous rappelle ici le danger de contagion sociale, aujourd'hui incroyablement amplifié, mondialisé, par les innombrables connexions numériques à travers la planète (combien de moutons de Panurge parmi les milliards d'internautes ?). Il s'agit de vrais nouveaux sujets de sciences cognitives et sociales, comme aussi la question de la radicalisation *via* Internet[36].

Mais que fait le cortex préfrontal des ordinateurs ?

L'IA et les réseaux sociaux nous font ainsi redécouvrir, par un effet de gigantesque miroir, *via* les biais des informaticiens codeurs eux-mêmes ou ceux des bases et échanges de données, une dimension oubliée, le *facteur humain*, et une discipline scientifique que l'on ne peut éluder si simplement : la psychologie ! La question principale est : mais que fait l'équivalent du cortex préfrontal dans ces systèmes d'IA (le cerveau B de Minsky), instance qui devrait pourtant apprendre à inhiber ces biais pour que le système soit robuste ? Pourquoi n'y a-t-il pas une base de données métacognitives à ce sujet (ou un algorithme métacognitif), liée à un système d'autoévaluation, de rétropropagation de l'erreur*, où les émotions et les sentiments de se tromper, dits contrefactuels* (doute, curiosité, regret) – ou leurs équivalents informatiques, autant que ce soit possible –, jouent un rôle ? Une fois de plus, la réponse n'est pas dans le seul cortex visuel !

Or cette réponse est importante car c'est de robustesse qu'il s'agit lorsque l'intelligence, humaine ou artificielle, doit apprendre à combattre ou mieux *inhiber* ses biais, corriger ses bugs et supprimer ses trous de sécurité, y compris dans les domaines industriels et militaires à enjeux très élevés. Mon défi est de montrer dans les pages qui suivent que le passage par la *psychologie de l'intelligence de l'enfant*, qui – lui aussi, *via* son cerveau en développement – doit constamment apprendre à inhiber ses biais perceptifs et cognitifs, douter de lui et corriger ses erreurs pour progresser, peut apporter des éléments de réponse inédits à ces questions. Comme l'a montré jadis Jean Piaget, pour d'autres questions épistémologiques de son temps, la période de l'enfance, l'ontogenèse cognitive, offre un poste unique d'observation scientifique.

CHAPITRE 3

La mesure de l'intelligence

Dans beaucoup de livres ou d'articles sur l'intelligence naturelle *versus* artificielle, on se trouve à regretter que l'intelligence ne soit jamais définie. Je puis vous assurer que ce ne sera pas le cas ici. Abordons dès lors, dans ce chapitre, la mesure exacte de l'intelligence en psychologie différentielle et retraçons l'histoire de son étude, issue de la philosophie et de la biologie[1].

De Darwin à la mesure de l'intelligence

Bien avant Darwin, chez Aristote déjà, les puissances de la fonction cognitive viennent d'un souffle général de vie, l'« âme », partagé par tous les êtres animés : les végétaux, dotés de facultés d'alimentation et de croissance ; les animaux, de facultés de mouvement et de perception ajoutées aux précédentes ; les humains, qui bénéficient en plus de facultés cognitives de pensée et de raisonnement (d'entendement et de raison, dira Kant). Ainsi se hiérarchisent, selon Aristote, trois âmes emboîtées chez l'homme : végétative, sensitive et intellective. Des travaux récents, tels ceux du neurobiologiste végétal Stefano Mancuso, attribuent même une intelligence aux plantes, douées de mémoire, capables de prendre des décisions et d'apprendre[2].

L'intelligence humaine est donc, déjà chez Aristote, le prolongement de l'adaptation biologique, annonçant les travaux de Jean Piaget au XXe siècle. Mais le monde vivant aristotélicien est fixe : une *scala naturae* (« échelle des êtres ») créée par Dieu, où l'homme domine dans un univers éternel (tel celui de Socrate et de Platon), et non un monde transformiste, en évolution, comme le découvriront plus tard Buffon, Lamarck et Darwin. Ce sera, en effet, la révolution scientifique du XIXe siècle, époque où s'inventera le terme « biologie » du grec *bios*, « vie », et *logos*, « discours rationnel ». Georges-Louis de Buffon introduit l'idée d'une *histoire naturelle* libérée des croyances religieuses. C'est ensuite Jean-Baptiste de Lamarck, son héritier, zoologiste au Muséum d'histoire naturelle à Paris, qui proposera une théorie *transformiste* de l'évolution des êtres vivants, selon un point de vue mécaniste et matérialiste. À ses yeux, 1) l'organisation des êtres vivants se complexifie sous l'effet d'un mécanisme interne : le métabolisme ; 2) ils se diversifient, se spécifient, sous l'effet d'un mécanisme externe : l'adaptation à l'environnement, aux circonstances (le cou de la girafe qui s'allonge pour atteindre les hautes feuilles). Selon Lamarck, ces modifications se transmettent à la descendance par l'*hérédité des caractères acquis*.

Après Lamarck, le naturaliste anglais Charles Darwin, qui lui rend hommage, révisera toutefois radicalement sa théorie. Dans *De l'origine des espèces*, Darwin fait l'hypothèse – aujourd'hui admise – d'un mécanisme général de *sélection naturelle* qui s'applique aux *populations* et repose sur un double principe : 1) la *variation* des caractères, génération après génération (l'origine génétique de cette variation aléatoire ne sera comprise qu'après Darwin avec les lois de Mendel) ; 2) la *sélection* par la survie et la reproduction de ceux qui ont (par hasard) la combinaison de caractères la mieux adaptée à leur environnement. L'effet de celui-ci est donc indirect et il n'y a plus, comme chez Lamarck, d'hérédité des caractères acquis (par l'usage). À cela, Darwin ajoute une « bombe » : *tous* les êtres vivants ont une ascendance commune, car la vie sur la terre a une origine unique, des bactéries et des algues bleues, il y a 3,7 milliards d'années, jusqu'à l'homme !

En outre, Darwin introduit l'idée d'une évolution *naturelle* de l'intelligence animale et humaine à travers la *phylogenèse**, ou évolution des espèces, processus qui se mesure en millions d'années pour l'homme, où s'imbriquent la matière, la vie et la pensée – excluant Dieu de l'explication scientifique (et, par là même, les idées divines-innées de Descartes). Dans *L'Expression des émotions chez l'homme et les animaux*, Darwin consacre de minutieuses études aux expressions du visage et à l'émergence du langage chez l'enfant. Celui qu'il observe est son propre bébé, Doddy Darwin. C'est le siècle des premières monographies consacrées à des enfants, l'historien français Hippolyte Taine et le physiologiste anglais William Preyer relatant chacun les observations que leur inspirent leurs propres enfants (suivront, avec des méthodes plus systématiques, les psychologues américains Stanley Hall et Arnold Gesell)[3].

Au XXe siècle, cette idée d'une évolution de l'intelligence sera reprise dans l'étude de l'*ontogenèse* – l'idée selon laquelle, du bébé à l'adulte, le corps et l'esprit évoluent – par Piaget (observant aussi ses propres bébés) en psychologie du développement cognitif de l'enfant et par Changeux en neurobiologie avec le « darwinisme neuronal-mental ». Selon cette dernière théorie, les mécanismes de variation-sélection de Darwin opèrent aussi dans le cerveau lui-même, pour les représentations cognitives, au sein de *populations ou réseaux de neurones* – théorie que Changeux partage avec le prix Nobel de physiologie ou médecine Gerald Edelman[4].

En vérité, toute la psychologie peut s'inscrire dans une double échelle de temps : la *phylogenèse*, ou évolution des espèces (Darwin), et l'*ontogenèse*, c'est-à-dire le développement du bébé à l'adulte (incluant l'embryogenèse*). S'y ajoute aussi la « microgenèse » cognitive, qui correspond au temps beaucoup plus court d'un apprentissage ou de la résolution d'une tâche par le cerveau (des mois, des jours, des heures, des minutes, jusqu'à des fractions de seconde), tout au long de la vie. La dynamique évolutive est, de cette façon, déclinée pour chacun d'entre nous en *échelles de temps*, comme les « poupées russes » de la psychologie : la microgenèse emboîtée dans l'ontogenèse, elle-même emboîtée dans la phylogenèse.

Il faut ajouter que ces questions d'évolution ont, dès le XIXe siècle, suscité des théories, aujourd'hui récusées, à propos des sociétés et de l'hérédité humaine : un « darwinisme social » (sélection des plus aptes) par le philosophe et sociologue Herbert Spencer, que Darwin n'appréciait pas, jusqu'à une idéologie politique pseudoscientifique très dangereuse, l'*eugénisme* (*sélection artificielle* des génies en vue d'améliorer la race) préconisée par le cousin même de Darwin, Francis Galton (on y repense aujourd'hui avec l'affaire des bébés génétiquement modifiés en Chine).

C'est dans ce contexte que va naître, avec Galton, la psychologie différentielle. Il fallait, en effet, un laboratoire de recherche en « anthropométrie » (il est créé à Londres en 1884) pour mettre au point des tests variés de mesure des différences d'aptitudes afin d'identifier « le génie », ainsi que des instruments statistiques de comparaison des individus entre eux (différences interindividuelles) et de classement par rapport à une norme, une moyenne. Dans ce laboratoire, Galton, puis Karl Pearson et Ronald Fisher inventeront successivement les méthodes de corrélation (Galton, Pearson) et d'analyse de la variance (Fisher). C'est tout à la fois la naissance de la psychométrie* et des statistiques modernes. Dans cette même veine, Charles Edward Spearman va découvrir, peu après, l'analyse factorielle*, observant que les résultats à divers tests d'intelligence corrélaient entre eux, d'où sa théorie du « facteur G » : l'intelligence dite « générale[5] ». Cette théorie sera discutée au XXe siècle par Louis Thurstone, qui distinguera plusieurs aptitudes (numérique, verbale, spatiale, de mémoire, de raisonnement, de vitesse perceptive, etc.)[6].

Mais si les tests initiaux de Galton offrent bien des techniques précises permettant des observations quantifiables, ils s'adressent à des processus élémentaires (sensation, motricité) qui ne couvrent pas les « processus supérieurs » constituant l'intelligence. C'est un Français, Alfred Binet, qui sera à l'origine, au début du XXe siècle, de la première échelle métrique d'intelligence.

Alfred Binet et William Stern : échelle métrique d'intelligence et quotient intellectuel (QI)

Binet, héritier en 1895 du laboratoire de psychologie expérimentale de la Sorbonne qu'Henri Beaunis (son premier directeur)[7] avait équipé des instruments les plus modernes, comme ceux de Wilhelm Wundt à Leipzig en Allemagne, a mené des recherches de mesure des temps de réaction, combinant psychométrie et psychophysique*. Mais la renommée internationale de Binet est venue par une autre voie.

Figure 5. Le psychologue français Alfred Binet (1857-1911), à l'origine du QI.

Le contexte de l'école primaire républicaine, gratuite et obligatoire, qu'a impulsée le ministre Jules Ferry, crée une attente nouvelle forte à l'égard des psychologues : peuvent-ils dépister assez tôt les enfants ayant des difficultés liées à un handicap intellectuel ? C'est dans cet objectif qu'en 1905 Binet a élaboré, avec Théodore Simon, le premier test d'âge mental : une échelle métrique d'intelligence, dite « test Binet-Simon[8] ».

Il est le point de départ de l'invention, quelques années plus tard, en 1912, du quotient intellectuel (QI) par le psychologue allemand William Stern selon la formule : QI = âge mental / âge réel × 100. Dans ce calcul emblématique de la psychométrie, l'intelligence normale se situe autour de 100 (plus ou moins 15 ou 30 selon le critère). On rejoint ici les préoccupations différentialistes issues de la psychologie statistique anglaise. Les tests utilisés par Binet sont des petits problèmes concrets d'intelligence, proches en principe de ceux qu'est susceptible de rencontrer l'enfant dans la vie courante, depuis ceux qui peuvent être résolus dès 3 ans (montrer son nez, donner son nom de famille) jusqu'à ceux qui s'adressent à des adolescents de 15 ans et plus (interpréter une gravure, distinguer des mots abstraits)[9].

L'échelle de Binet-Simon sera à l'origine de plusieurs épreuves de même type, les techniques évoluant au cours du temps. Aux États-Unis, ce sont les échelles de Lewis Terman, dont la normalisation et l'étalonnage sont plus précis que ne l'ont été ceux de Binet et, surtout, les échelles de David Wechsler, qui ont défini autrement le QI, fournissant non seulement un QI global, mais aussi un QI verbal (QIV) et un QI dit « performance » (QIP), c'est-à-dire non verbal. Les différentes échelles ou tests de Wechsler sont le WAIS (Wechsler Adults Intelligence Scale en anglais), le WISC (Wechsler Intelligence Scale for Children), très utilisé par les psychologues scolaires, et le WPPSI (Wechsler Preschool and Primary Scale of Intelligence) adapté aux enfants de 4 à 6 ans. Dans le WISC-V, dernière version de cette échelle, une série plus fine de processus cognitifs est testée. Outre un QI Total (QIT), on y évalue cinq indices : la compréhension verbale, le raisonnement fluide*, les aptitudes visuo-spatiales, la mémoire de travail (MdT)* et la vitesse de traitement des informations. Des indices supplémentaires sont utilisés dans des situations cliniques particulières. De nombreux modèles statistiques (d'analyses factorielles) et cognitifs sont débattus depuis un siècle, démultipliant et hiérarchisant les formes ou facteurs de l'intelligence, de Spearman et Thurstone à Raymond Cattell et John Carroll[10]. On citera aussi *Les Formes de l'intelligence* d'Howard Gardner, célèbre dans le monde entier (notamment dans le monde de l'éducation) pour sa théorie des intelligences multiples[11].

On entend souvent dire que l'intelligence ne se réduit pas au QI, c'est-à-dire à un chiffre stigmatisant. Évidemment ! Il faut dénoncer avec Stephen Jay Gould *La Mal-Mesure de l'homme* et toutes ses dérives[12] ! Mais dans certains cas, comme celui des enfants surdoués (QI ≥ 130) qui sont parfois paradoxalement en échec scolaire, calculer la valeur du QI est très utile. Cela permet de leur expliquer, ainsi qu'à leurs parents, que ce qui fait défaut chez eux, ce n'est pas l'intelligence en tant que telle (ils ne sont pas « bêtes »), mais plutôt son « mode d'emploi ». En France, la psychologue clinicienne Jeanne Siaud-Facchin contribue remarquablement à cela aujourd'hui[13]. Ce constat d'enfants intellectuellement précoces (EIP), selon les termes de l'Éducation nationale, ou dits à haut potentiel (HP), peut conduire à recommander une pédagogie et une école adaptées. Le QI est donc un bon « baromètre » de l'intelligence s'il est utilisé, avec précaution, comme un outil d'identification d'enfants en difficulté, ainsi que le souhaitait jadis Binet, qu'il s'agisse des cas de hauts potentiels ou de déficiences et retards intellectuels, sachant que les choses ne sont jamais figées dans le cerveau humain. Il y a toujours de la plasticité neuronale*. C'était déjà sur elle qu'avait parié, au XIXe siècle, Jean Itard, médecin français connu pour son travail sur l'éducation spécialisée (le cas de l'enfant sauvage, Victor de l'Aveyron), suivi des pédagogues Édouard Séguin et Maria Montessori aux XIXe et XXe siècles[14].

Le QI est donc utile comme instrument de mesure des différences interindividuelles, avec des indices de plus en plus fins aujourd'hui, mais il ne définit pas l'intelligence, l'« essentiel de l'intelligence ». À cette question, on sait que Binet répondait par une boutade : « L'intelligence, c'est ce que mesurent mes tests ! » Je voudrais toutefois mettre ici en exergue une étude expérimentale de Binet où il va plus loin dans sa spécification de ce que pourrait être l'intelligence. C'est une étude antérieure à la publication de son échelle métrique, moins connue et particulièrement intéressante pour la suite des recherches en sciences cognitives chez les enfants d'âge scolaire. Il y définit l'intelligence comme une capacité d'adaptation *via* l'attention, en particulier l'inhibition. On sait qu'André Gide, prix Nobel de littérature en 1947, définissait aussi l'intelligence comme la *capacité d'adaptation*. C'est sans doute la définition générale la plus exacte que l'on puisse en donner.

Une étude de Binet sur l'intelligence via *l'attention et l'adaptation*

En 1900, Binet publie ainsi dans *L'Année psychologique* (revue qu'il a fondée en 1894) une étude de plus de 150 pages, intitulée « Attention et adaptation », menée auprès d'un échantillon d'élèves (âge moyen, 10-11 ans) d'une école primaire de Paris[15]. Il s'agit déjà, pour lui, de comprendre les différences d'intelligence entre ces enfants. Dans cet article, Binet raconte comment, à sa demande, le professeur de la classe, en concertation avec le directeur de l'école, s'est efforcé de désigner un sous-groupe d'élèves les plus intelligents et un autre, les moins intelligents. Il a alors, dans ses observations minutieuses, sans cesse comparé ces deux groupes l'un à l'autre, cherchant pour diverses tâches d'attention volontaire dans quelle mesure elles permettaient de les distinguer. La logique de Binet est que lorsque les résultats des enfants sont équivalents, il rejette la tâche comme mauvaise pour sa recherche. En revanche, lorsque le groupe d'élèves les plus intelligents obtient de meilleurs résultats, il la conserve.

Mais Binet rapporte un résultat contraire à sa logique, où les intelligents sont moins bons, ce qui est intrigant pour lui. Ainsi, dans une tâche d'attention sélective qu'il appelle « correction d'épreuves » (proche des tests de barrage utilisés aujourd'hui en psychologie cognitive), il donne aux élèves une feuille imprimée où ils doivent barrer certaines lettres, les cibles (et pas les autres, les distracteurs) chaque fois qu'ils les rencontrent dans leur lecture. Par exemple tous les *a*, *e*, *d*, *r* et *s*, écrits en marge à gauche, doivent être barrés dans le texte. Les erreurs des élèves sont soit des omissions de lettres cibles (un *a* oublié par exemple), soit des intrusions de lettres distractrices (tel le barrage erroné d'un *i*). Dans cette première tâche, les élèves intelligents sont nettement meilleurs que les autres.

Binet a alors la bonne idée, quand la tâche est terminée et les copies ramassées, d'annoncer aux élèves qu'ils ont à faire un nouvel exercice, analogue au précédent, mais consistant à barrer d'autres lettres : *i*, *o*, *l*, *f*, *t*. Dans cette nouvelle expérience, son but est « de rechercher avec quelle facilité un élève, après avoir créé dans son esprit certaines associations, peut abandonner ces associations et les remplacer par d'autres. Cette étude sur l'inhibition des associations d'idées a déjà été faite, note-t-il, par un psychologue américain, Bergström[16] ».

Au regard des résultats, Binet note (toujours dans les mêmes pages de cet article de 1900) que « comme on devait s'y attendre, le travail s'est beaucoup ralenti ; la nécessité d'abandonner une habitude et de la remplacer rapidement par une autre habitude a créé de sérieuses difficultés, et quelques élèves s'en sont même plaints à haute voix ; la quantité de travail a diminué en général de plus de la moitié. Cette diminution est la même pour les deux groupes d'élèves », mais, plus loin, Binet ajoute : « Fait bien surprenant, à première vue, ce sont les intelligents qui ont commis le plus d'erreurs !... C'est presque une différence de moitié. Cette différence est vraiment trop grande pour qu'on puisse la mettre sur le compte du hasard. »

Outre l'observation du coût exécutif du changement de tâche pour les deux groupes d'élèves (le travail ralenti), sans le savoir, Binet effleure ici un effet expérimental important et bien connu aujourd'hui : l'« amorçage négatif » (*negative priming* en anglais). C'est l'indicateur d'une inhibition efficace car, très vraisemblablement, ce qui s'est passé est que les élèves dits « intelligents » de Binet, ayant très bien réussi la première tâche, mieux que les dits « inintelligents », ont inhibé plus efficacement qu'eux les distracteurs lors de cette tâche initiale, c'est-à-dire toutes les lettres qui n'étaient pas des *a*, *e*, *d*, *r* et *s*, donc, en particulier, les cibles de la tâche suivante (*i*, *o*, *l*, *f*, *t*). Dans cette dernière, la levée d'inhibition a été, par conséquent, plus « coûteuse » pour le groupe des « intelligents », ce qui s'est traduit par un plus grand nombre d'erreurs (amorçage négatif). Le résultat, intrigant pour Binet, est en fait très logique.

Ainsi Binet, qui était fin psychologue, a touché du doigt dans cette étude sur l'attention et l'adaptation le lien intime entre l'intelligence et l'inhibition. Comme l'ont remarqué récemment les psychologues cognitivistes Boujon et Lemoine[17], depuis ce relevé anecdotique de Binet en 1900, il faudra attendre les recherches expérimentales de notre équipe du CNRS[18], dans le même laboratoire de la Sorbonne un siècle plus tard, pour remettre à l'ordre du jour cette question de l'inhibition tant cognitive que neuronale, signature de l'intelligence.

Entre-temps, la théorie des stades de l'intelligence de Piaget – qui n'a pas identifié ce processus d'inhibition cognitive – s'est imposée et a dominé tout le champ de la psychologie du développement au XXe siècle en Europe et dans le monde. Avant de venir à cette théorie consacrée aux algorithmes logico-mathématiques de l'enfant et de l'adolescent, il me reste à exposer les découvertes d'imagerie cérébrale sur le test de QI[19].

Le test de QI en imagerie cérébrale

En 2000, après un siècle de psychométrie classique, comportementale et clinique depuis Binet, le psychologue britannique John Duncan et ses collaborateurs publient dans la revue *Science* la première étude visant à savoir, *via* les techniques d'imagerie cérébrale fonctionnelle (la TEP), quelles parties du cerveau s'activent chez un individu qui passe un test de QI[20]. Ils ont comparé les activations cérébrales corrélées à des tâches impliquant, fortement ou non, le « facteur G », c'est-à-dire l'intelligence générale. Parmi les tâches, ils ont distingué une tâche spatiale et une tâche verbale. Dans la tâche spatiale, des séries de formes sont présentées aux individus et ils doivent détecter la série qui ne va pas avec les autres ; il s'agit, par exemple, d'une série asymétrique alors que les autres sont symétriques. Dans la tâche verbale, ce sont des séries de lettres dans lesquelles il faut détecter la série qui ne va pas avec les autres ; il s'agit, par exemple, d'une série où la progression alphabétique est régulière (de trois en trois lettres), alors que ce n'est pas le cas dans les autres.

Ces deux tâches requièrent fortement l'intelligence générale (facteur G) – en l'occurrence, la capacité à dégager (abstraire) une règle de construction du matériel et à repérer sa transgression. En imagerie cérébrale, il est indispensable d'utiliser aussi des tâches dites « de référence » ou de contrôle, essentielles pour le paradigme de soustraction (activations cérébrales dans la condition expérimentale *moins* activations dans la condition de référence). Dans cette expérience, il s'agit de tâches sollicitant très peu le facteur G. Pour la tâche spatiale, les individus doivent simplement identifier une forme différente parmi quatre identiques ; pour la tâche verbale, ils doivent identifier la série de lettres qui ne sont pas dans un ordre alphabétique strict.

Les résultats indiquent que les deux tâches impliquant fortement le facteur G (comparées à leurs conditions de référence respectives) recrutaient la partie latérale du cortex préfrontal, dans l'hémisphère gauche et dans l'hémisphère droit pour la tâche spatiale, seulement à gauche pour la tâche verbale. Les chercheurs en concluent qu'il existe bien une partie du cerveau qui sous-tend l'intelligence générale chez l'homme : le cortex préfrontal latéral (« latéral » veut dire : sur la face externe du cerveau). Ce résultat est cohérent avec ce que l'on suppose du rôle du cortex préfrontal, à savoir qu'il est le siège des capacités d'abstraction, de raisonnement, de contrôle exécutif (ou des fonctions exécutives), etc. – d'où le nom d'« organe de la civilisation » qu'il a reçu. On sait aussi que la surface relative du cortex préfrontal est la plus importante chez l'homme et qu'elle diminue progressivement chez les autres primates, carnivores et rongeurs[21]. On sait, enfin, que le facteur G dit « fluide » (Gf), c'est-à-dire correspondant au raisonnement, aux habiletés nouvelles de résolution de problèmes, est plus affecté par des lésions des lobes frontaux que par des lésions postérieures du cerveau[22].

Tout semble donc plaider pour un système cérébral unique qui sous-tendrait ce qu'il y a de plus général dans l'intelligence humaine. Comme tout phénomène complexe, c'est sans doute en partie vrai, mais les choses ne sont pas si simples[23] ! D'une part, d'autres données d'imagerie cérébrale indiquent des activations plus distribuées, impliquant des régions postérieures du cerveau, lors de la résolution de tests d'intelligence[24] ; il y a donc ici débat comme dans beaucoup de domaines de la recherche sur le cerveau. D'autre part, l'apport actuel le plus important de l'imagerie cérébrale est de révéler que les unités fonctionnelles des processus cognitifs de haut niveau sont des réseaux d'aires cérébrales interconnectées et non des régions uniques et isolées[25]. C'est particulièrement vrai lorsqu'on s'intéresse – au-delà du caractère statique des tests – à la *dynamique* cérébrale de l'intelligence fluide au sens défini plus haut, par exemple à la capacité de changer de stratégie de raisonnement, de corriger (inhiber) ses erreurs, dans une situation nouvelle de résolution de problèmes. C'est alors sur l'ensemble du cerveau, de sa partie postérieure au cortex préfrontal, que s'observent des modifications des circuits neuronaux[26], notamment dans des réseaux d'intégration pariéto-frontaux[27] où l'on sait que la connectivité (testée par l'IRM fonctionnelle et de diffusion) est essentielle à l'intelligence[28].

Par conséquent, au-delà de la comparaison des QI, c'est peut-être la comparaison interindividuelle (d'un individu à l'autre) *du différentiel intra-individuel de performances et d'apprentissage* (d'un prétest à un post-test chez un même individu, quel que soit son âge) qui est importante. Autrement dit, ce qui varie, du point de vue de l'intelligence, est sans doute la faculté et la vitesse du cerveau de chacun à s'adapter, à se reconfigurer (*via* sa connectivité, sa plasticité, sa vicariance)[29] et à progresser, tel qu'on peut le suivre aujourd'hui en imagerie cérébrale : le différentiel du cerveau de chacun par rapport à lui-même.

CHAPITRE 4

Les algorithmes cognitifs chez l'enfant selon Piaget

Dans cette grande histoire de l'intelligence humaine, l'une des œuvres majeures du XXe siècle est celle du psychologue suisse Jean Piaget. Lors d'un séjour de formation initiale

Figure 6. Le psychologue suisse Jean Piaget (1896-1980), auteur d'une théorie des stades de l'intelligence.

à Paris, au début de ce siècle, le jeune Piaget est introduit par Théodore Simon au Laboratoire de pédagogie expérimentale qu'avait créé Binet en 1905 dans l'école de la rue de la Grange-aux-Belles, Laboratoire pédagogique jumelé à celui de la Sorbonne déjà évoqué. Il y étudie, à propos de la notion de partie, les niveaux de la logique des classes chez l'enfant – déjà des algorithmes de catégorisation ! Piaget les formalisera plus tard sous la forme d'un groupement mental d'opérations logiques : le groupement additif des classes.

C'est à Paris, en rompant avec la méthode des tests de Binet et Simon, déjà trop standardisée, que Piaget élabore sa propre méthode d'interrogation clinique, plus libre bien que systématique, qui lui révèle l'originalité de la pensée enfantine, ses détours et souvent son irrationalité. À partir de cette méthode et de tâches cognitives qu'il invente (de permanence de l'objet, de catégorisation, de dénombrement, etc.), Piaget élabore, peaufine, durant tout le siècle une magistrale théorie des stades du développement de l'intelligence logico-mathématique chez l'enfant (de 0 à 18 ans) à travers une succession : 1) de schèmes d'action, initialement ceux du bébé, 2) d'opérations cognitives (construites par intériorisation mentale de ces schèmes d'action) et 3) de structures logiques dites « opératoires » qui regroupent et combinent les précédentes opérations, assimilables à des algorithmes cognitifs, d'abord concrets chez l'enfant, puis formels et abstraits chez l'adolescent et le jeune adulte[1].

Piaget, épistémologue

Au-delà de la psychométrie développée par Binet et ses successeurs, c'est d'abord l'épistémologie* qui intéressait Piaget, au sens 1) de l'étude critique des sciences, de leur origine, leur valeur, leur portée (philosophie des sciences), mais aussi et surtout 2) d'une théorie générale de la connaissance : qu'est-ce que la connaissance, comment l'acquiert-on ? Pour répondre à ces questions, la mieux placée des disciplines, la fenêtre d'observation scientifique idéale, est, selon Piaget, la *psychologie du développement cognitif des enfants.*

C'est en cela qu'il était épistémologue autant que psychologue[2]. Pour illustrer cette double facette, je m'arrêterai ici sur un livre fondateur de l'œuvre piagétienne : *La Psychologie de l'intelligence*, publié en 1947, rassemblant les contenus d'une série de leçons données au Collège de France durant la Seconde Guerre mondiale, en 1942[3]. Si l'on essaye d'identifier quelles sont les forces intellectuelles de l'époque, c'est-à-dire les interlocuteurs, contradicteurs potentiels, par rapport auxquels Piaget prend le plus grand soin de se démarquer dans ce livre – ses cibles –, on en dégage très clairement deux, respectivement du côté de la logique et du côté de la perception : 1) le philosophe britannique Bertrand Russell et 2) les psychologues allemands de la forme (tenants de la *Gestalt*-théorie).

Piaget s'oppose fermement à Russell et à son idée que les lois logiques ont une teneur objective idéale, indépendante de la psychologie (le logicisme). Il en dénonce d'ailleurs l'influence sur la « psychologie de la pensée » allemande contemporaine (*Denkpsychologie*) selon laquelle la pensée se réduirait à un simple miroir de la logique. Pour Piaget, *c'est la logique qui est le miroir de la pensée humaine* et non l'inverse ! On mesure ici le rapport de force Piaget/Russell et la puissance du renversement opéré par Piaget : « la logique est une axiomatique de la raison dont la psychologie de l'intelligence est la science expérimentale correspondante[4] ».

Avec une fermeté moindre mais tout aussi stratégique – du côté de la perception et non de la logique cette fois –, Piaget se démarque de la psychologie de la forme qui, par un autre chemin, reconnaît l'existence de lois ou structures qui s'imposent *a priori* à la psychologie, indépendamment du développement mental : structures innées de groupements ou « bonnes formes ». Ce point de vue a-développemental ne convient pas non plus à Piaget, même si la notion de forme d'ensemble (*Gestalt*) ne peut lui déplaire en raison de son propre goût pour les structures d'ensemble de la pensée enfantine : les groupements mentaux d'opérations logico-mathématiques réversibles (catégorisation, nombre, etc.) qu'il décrit finement dans ce livre[5].

Le chemin est donc balisé. Ni logiciste (les lois de la logique *a priori*) ni gestaltiste (les lois de la perception *a priori*), s'opposant avec autant de force à l'innéisme (René Descartes, Emmanuel Kant) qu'à l'empirisme passif (apprentissage par associations : John Locke, David Hume, etc.), Piaget fonde une troisième voie : le *constructivisme*. Il vise ainsi à analyser le plus finement possible les « paliers d'équilibre » (stades) à travers lesquels, en partant de la perception et des habitudes sensori-motrices des bébés, émergent les premières formes de l'intelligence avant le langage (permanence de l'objet, groupe pratique des déplacements du bébé, inspiré du concept mathématique d'Henri Poincaré) et se construisent progressivement dès 2 ans la pensée intuitive, puis la pensée opératoire ou logique concrète chez l'enfant et formelle chez l'adolescent. Cette dernière étape correspond au raisonnement hypothético-déductif*, forme la plus achevée de l'intelligence logique.

Précurseur des sciences cognitives : le cercle des sciences

Lorsque Jean-Pierre Changeux défend en 2002, dans *L'Homme de vérité,* la thèse selon laquelle les vérités logiques ou mathématiques sont le produit du cerveau et donc de la pensée humaine[6], on mesure combien, six décennies après *La Psychologie de l'intelligence,* les idées constructivistes de Piaget dans son opposition à Russell (c'est la logique qui est le miroir de la pensée et non l'inverse !) restent d'une forte actualité en sciences et neurosciences cognitives. Piaget ajoute même que l'intelligence de l'enfant est la forme *optimale* de l'adaptation biologique *via* des processus d'assimilation et d'accommodation*.

Outre le renversement épistémologique que Piaget opère par rapport à Russell (la psychologie du développement aux fondements des mathématiques et de la logique), c'est tout un « cercle des sciences » qu'il dessine dès le milieu du XXe siècle. En une audacieuse remise en cause de l'échelle des sciences d'Auguste Comte, corrélative de son constructivisme, Piaget place, en effet, non seulement la psychologie aux fondements

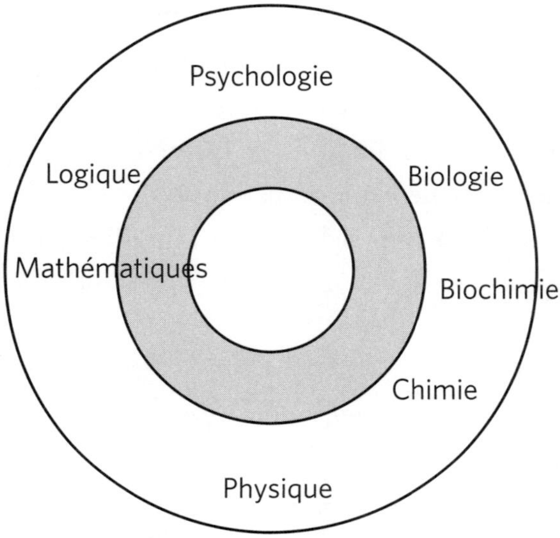

Figure 7. Le cercle des sciences selon Piaget.

des mathématiques et de la logique (donc des algorithmes), mais l'inscrit elle-même dans la biologie, la chimie… et la physique si on achève le cercle. Ce changement radical de point de vue – totalement original pour l'époque (et qui le reste aujourd'hui) – donne une place inédite à la psychologie de l'enfant, au cœur même du dispositif de la science dite « dure », et a préfiguré en Europe le cadre interdisciplinaire actuel des sciences cognitives. C'est ainsi que dans l'*Encyclopedia of Cognitive Science* publiée en 2003 par le groupe d'édition Nature, Piaget figure au rang prestigieux des précurseurs des sciences cognitives, aux côtés, par exemple, de René Descartes pour le *cogito* ou d'Alan Turing pour l'IA[7].

Professeur à l'Université de Genève, il y fonde, en 1955, le Centre international d'épistémologie génétique (CIEG), toujours au sens de la genèse (ontogenèse), lieu inégalé de rencontres et d'échanges pour les psychologues, les logiciens, les biologistes, les mathématiciens, les physiciens et les philosophes du monde entier. Seymour Papert, directeur du laboratoire d'IA du Massachusetts Institute of Technology (MIT), collègue de Minsky, y sera résident durant cinq ans (1959-1964) et entretiendra avec Piaget des échanges fructueux sur le constructivisme cognitif et les relations enfants-ordinateurs (d'où la conception par Papert du langage éducatif de programmation logique LOGO dont le nom fut inspiré du *logos* d'Aristote, raison et langage). Ce sont déjà les sciences cognitives en pleine effervescence ! Au CIEG, Piaget alimente ses réflexions épistémologiques sur l'équilibration des structures, les différents types d'abstraction, le possible et le nécessaire, etc.

Entre 1907, date de son premier écrit d'adolescent (à l'âge de 11 ans), et sa mort, en 1980, la production intellectuelle de Piaget est extraordinairement féconde : on compte plus de 700 publications. À cela s'ajoutent trois ouvrages posthumes : *Le Possible et le Nécessaire* (1981-1983), *Vers une logique des significations* (1987) et *Morphismes et catégories* (1990), qui renouvelaient et prolongeaient sa théorie[8].

D'où viennent les algorithmes logiques ?

Nous l'avons dit, les humains utilisent sans doute déjà des algorithmes symboliques depuis les débuts de l'écriture il y a cinq mille ans en Égypte et en Mésopotamie. Ensuite, de l'Antiquité grecque à nos jours, le système logique de raisonnement (syllogismes, règles conditionnelles « si-alors ») est le fil conducteur qui relie très clairement Aristote, Descartes et Piaget. Aristote, le premier, l'a identifié il y a deux mille ans comme étant le *logos* (raison et langage), qui succède définitivement aux mythes.

Mais d'où vient exactement ce système logique, celui des algorithmes ? Comment se construit-il dans (ou s'impose-t-il à) notre esprit, notre cerveau ? Les réponses diffèrent, partagées entre une origine d'abord divine (Descartes), puis biologique et psychologique (Piaget).

À la Renaissance, dans son *Traité de l'homme*, Descartes répond à cette question des origines avec une évidence qui semble s'imposer à lui : Dieu a déposé dans notre esprit, dès la naissance, des idées logiques et mathématiques claires et distinctes, noyau de l'intelligence humaine (notre « âme » selon Descartes). Un bébé « potentiellement intelligent et raisonneur » donc (ce qui est une idée très actuelle[9]), mais par don de Dieu ! Quatre siècles plus tard, ce n'est évidemment plus la réponse que la science apporte à cette question.

Entre Descartes et nous, deux événements clés ont, en cette matière, marqué le progrès scientifique. Il s'agit d'abord de l'introduction par Darwin, au XIXe siècle, de l'idée d'une évolution naturelle de l'intelligence animale et humaine (à travers la phylogenèse ou évolution des espèces), excluant Dieu de l'explication. Il s'agit ensuite, au XXe siècle, de la reprise de cette idée dans l'étude de l'ontogenèse (du bébé à l'adulte) par Piaget en psychologie de l'enfant et par Changeux en neurobiologie avec le « darwinisme neuronal-mental[10] ». L'épistémologie constructiviste et épigénétique* réunit ces deux grands savants.

C'est dès lors par l'idée de *stades psychologiques* que Piaget explique l'origine du système logique. Selon lui, la construction de l'intelligence de l'enfant est *incrémentale*, car systématiquement liée, stade après stade, à l'idée d'acquisition et de progrès à partir des actions propres (celles de l'enfant), de leur coordination et de leur intériorisation ou représentation mentale. C'est ce qu'on appelle le « modèle de l'escalier », chaque marche correspondant à un grand progrès, à un stade bien défini ou mode (structure) unique de pensée dans la genèse de l'intelligence logico-mathématique. Pour rappel, ces stades sont : l'intelligence sensori-motrice du bébé (0-2 ans), fondée sur ses sens et ses actions, puis l'intelligence logique conceptuelle (nombre, catégorisation, raisonnement), d'abord concrète chez l'enfant (vers 7 ans), puis abstraite chez l'adolescent (vers 12-14 ans) et l'adulte.

L'intérêt pour l'enfance, parmi les philosophes et les scientifiques, n'est évidemment pas nouveau lorsque Piaget conçoit cette théorie. Au XVIIIe siècle, Jean-Jacques Rousseau en a déjà fait, avec l'*Émile*, un point fort des Lumières (à propos de l'éducation et de l'influence de la société) et, au XIXe siècle, Darwin, on l'a vu, y a consacré de minutieuses études (à propos des expressions du visage et de l'émergence du langage) sur son propre bébé, Doddy Darwin. Ce qui est radicalement nouveau, avec Piaget, c'est de considérer l'enfance comme le terrain expérimental de l'épistémologie au sens des mécanismes généraux de la construction des connaissances et du raisonnement, qu'il s'agisse de logique, de mathématiques ou de physique. Avec cette « épistémologie génétique » (ontogenèse), c'est le regard porté sur l'enfant qui change. Il devient un « petit savant » qui s'interroge sur le réel, bricole, expérimente et ainsi (re)découvre les lois du monde : un « enfant mathématicien » (la construction du nombre), « logicien » (le raisonnement), etc. Étudier l'évolution des comportements de l'enfant revient dès lors à étudier la science en marche du bébé à l'adulte – l'« embryologie de la raison », selon l'expression de Piaget, c'est-à-dire les mathématiques, la logique, la physique, etc., en développement. C'est une forme d'histoire des idées et des sciences (dont l'enfant est l'acteur principal) qui s'opère en un raccourci saisissant (de 0 à 18 ans environ).

Cette approche épistémologique de l'enfance explique sans doute pourquoi la théorie de Piaget a séduit bien au-delà de la psychologie elle-même. En témoignent, dès le début de sa carrière (lors d'un séminaire à Davos en 1921), ses conversations avec Albert Einstein à propos des concepts physiques chez l'enfant, mais aussi cet hommage que lui rendait en 1990 l'astrophysicien Hubert Reeves : « Le psychologue suisse Jean Piaget a été l'un des premiers à introduire la dimension historique dans l'étude de l'acquisition des connaissances. Il a reconnu d'emblée que la logique est un processus en devenir, soumis à une évolution. [...] La question posée fait surgir une évidence incontournable : le problème de l'origine de la logique est un problème d'ordre psychologique et biologique[11]. » On peut ajouter ici : le problème de l'origine des algorithmes (ceux de l'informatique et de l'IA) est un problème d'ordre psychologique et biologique. C'est l'esprit et le cerveau de l'informaticien et du codeur qui, à travers leurs neurones (biologiques et non artificiels), conçoivent les algorithmes. Ils le font à partir de leur logique mentale construite durant l'enfance et spécialisée à l'université (logique renforcée aujourd'hui par l'apprentissage du codage dès l'école primaire[12]).

Les stades de l'intelligence chez l'enfant : premiers algorithmes sensori-moteurs et concrets

Revenons à présent, plus en détail, sur les stades du développement de l'intelligence selon Piaget, du bébé à l'adolescent, et sur l'émergence progressive, à travers eux, du système logique de raisonnement. Piaget est convaincu de l'ancrage cérébral (biologie) des opérations dites « logico-mathématiques » de l'enfant, de l'adolescent et de l'adulte (psychologie). Il lui manque toutefois, à l'époque, le moyen technologique de l'observer *in vivo* : l'imagerie cérébrale fonctionnelle[13]. Il s'est donc limité, expérimentalement, à inférer les mécanismes psychologiques des opérations logico-mathématiques à partir de l'observation fine des comportements : actions et réponses verbales.

Jusqu'à l'âge de 2 ans environ, c'est le stade sensori-moteur. Le bébé interprète le monde qui l'entoure sur la base de ses sens (sensori-) et de ses actions (moteur). Dès la naissance et à

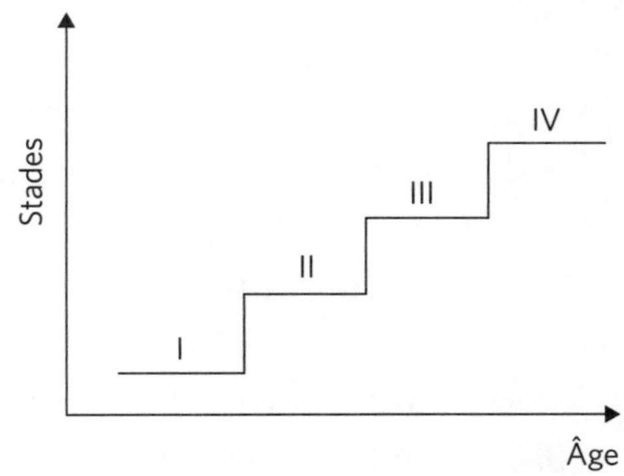

Figure 8. Les stades de l'intelligence selon Piaget.

partir de ses réflexes initiaux (comme la succion du sein de sa mère), il apprend certaines règles, de plus en plus compliquées au fil des mois, sur le fonctionnement du monde physique et sur sa capacité à agir dessus[14]. Piaget appelle ces règles des « schèmes d'action » (acquis par assimilation et accommodation). Le bébé découvrira par exemple vers 8 mois que quand un objet (disons : son nounours) disparaît de sa vue (caché derrière un coussin sur le canapé), cet objet continue néanmoins d'exister car il peut par ses actions, d'une part, écarter le cache (ici le coussin) et, d'autre part, attraper l'objet pour le ramener à lui. C'est ce qu'on appelle la « permanence de l'objet », principe fondamental de la construction du réel (ce qui vaut pour le nounours vaudra pour tous les objets du monde). Mais cette forme d'intelligence sensori-motrice (dans cet exemple, vision-action) rend le bébé très dépendant de l'instant présent.

Vers 2 ans – changement de stade –, l'enfant devient capable de se détacher de l'action immédiate. Selon Piaget, son intelligence devient dès lors « symbolique » ou « représentative » (douée de représentation mentale)[15]. Il est toutefois difficile de concevoir que la permanence de l'objet n'exigeait pas déjà de la part du bébé une forme élémentaire de représentation mentale (se représenter en mémoire l'objet disparu) et même de raisonnement sur la situation, notamment en cas de déplacements d'objets. Quoi qu'il en soit, c'est à 2 ans qu'émerge le plus clairement l'expression enfantine de la pensée symbolique : l'imitation différée (preuve d'une représentation mentale du modèle absent), le jeu dit « symbolique » (par exemple, l'enfant qui joue au téléphone avec une banane ou un faux téléphone portable), le dessin et le langage. Ces deux dernières activités symboliques, qui connaissent chez l'homme une extraordinaire évolution par rapport aux autres animaux (jusqu'à l'art et la littérature), permettent à l'enfant de redécrire, ou de re-présenter, des événements vécus. Elles laissent aussi, comme le jeu, libre cours à son imaginaire.

Ainsi, l'enfant de 2 ans se sert des schèmes d'action qu'il a appris au stade sensori-moteur, mais cette fois avec une distance par rapport au réel. Il se met à les intérioriser et à les combiner mentalement. Par ce processus cognitif fondamental (intériorisation et combinaison), les actions (réelles) deviennent des *opérations* mentales. C'est le stade de la préparation (2-7 ans) et de la mise en place (7-12 ans) des opérations concrètes qui correspond à la période essentielle où l'enfant passe de la crèche à l'école maternelle et de celle-ci à l'école élémentaire. À ce stade, l'enfant va progressivement construire les concepts fondamentaux de sa pensée, tels que le nombre, l'inclusion des classes (catégorisation), etc.

Vers 6-7 ans – « l'âge de raison » cher aux philosophes classiques –, l'intelligence de l'enfant va, en outre, devenir flexible. C'est ce que Piaget a appelé la « réversibilité opératoire », c'est-à-dire la capacité de l'enfant à annuler, par sa seule pensée, l'effet d'une action (en combinant une opération mentale et son inverse)[16]. L'exemple emblématique est ici la réponse de l'enfant dans la tâche piagétienne dite de « conservation des quantités discrètes[17] ». Cet exemple illustre la préparation et la mise en place des opérations logiques concrètes. Sur une table sont disposés deux alignements de jetons (quantités discrètes) de même nombre, six à huit selon les cas, et de même longueur (l'espace occupé sur la table). Vers 4-5 ans, l'enfant d'école maternelle reconnaît qu'il y a le même nombre de jetons dans chaque alignement. Cependant, si l'adulte qui réalise l'expérience écarte les jetons de l'un des deux alignements (le nombre restant identique, alors que la longueur diffère), l'enfant considérera qu'« il y a plus de jetons là où c'est plus long » ! Cette réponse verbale est une erreur de raisonnement, fondée sur l'intuition perceptive « longueur égale nombre » qui révèle, selon Piaget, que l'enfant n'a pas encore acquis le concept de nombre. À partir de 6-7 ans en revanche (enfant d'école élémentaire), sa pensée devient flexible, et l'action d'*écarter les jetons* peut être corrigée, annulée, par l'opération inverse, c'est-à-dire par la représentation mentale de l'action de *rapprocher les jetons* – d'où, cette fois, une réponse verbale d'équivalence numérique (« C'est pareil ; les jetons ont changé de place, mais tu peux les remettre comme avant », ou encore des arguments de compensation des dimensions longueur/densité). Il y a donc, dans ce cas, réversibilité opératoire, conservation des quantités (et ce qui vaut pour les jetons vaut pour tous les objets du monde).

D'autres tâches expérimentales ingénieuses comme celle-ci ont été inventées par Piaget. Même si ce n'est pas encore de la logique formelle, ce sont déjà de *petites* tâches de raisonnement sur de *grands* concepts comme le nombre, brique de base des mathématiques. Il a ainsi utilisé, au stade des opérations concrètes, des tâches de conservation (du nombre, de la substance, etc.)[18], d'inclusion des classes et de sériation, associées à sa méthode originale d'interrogation clinique (inspirée

(a) Disposition des jetons avant déplacement

(b) Disposition des jetons après déplacement

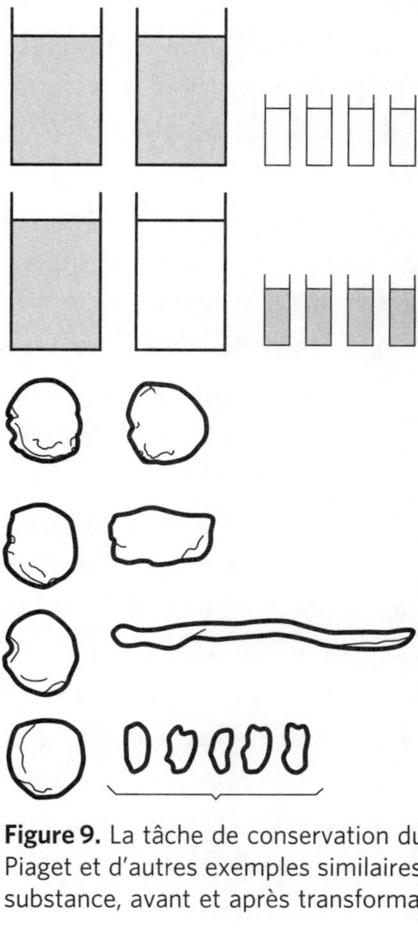

Figure 9. La tâche de conservation du nombre de Piaget et d'autres exemples similaires (liquides et substance, avant et après transformation).

du diagnostic et de l'investigation psychiatriques) : converser librement avec l'enfant à propos de thèmes dirigés (« Y a-t-il plus de jetons quand on les écarte les uns des autres ? », « Plus de pâte à modeler quand on aplatit la boule ? », « Plus de marguerites ou plus de fleurs ? » devant dix marguerites et deux roses), en testant la solidité des réponses verbales de l'enfant par des demandes de justification et des contre-suggestions. Parfois, l'enfant doit simplement (et ce n'est pas simple pour les plus jeunes d'entre eux) sérier des baguettes de différentes tailles sur une table (sériation logique). L'invention de ces tâches dites « piagétiennes » doit beaucoup à un travail d'équipe (l'école de Genève), notamment à Inhelder et Szeminska.

À propos de la notion d'inclusion des classes (d'emblée abordée par le jeune Piaget dans son stage au labo Binet), soit le domaine du *qualitatif* – la conservation du nombre étant *quantitative* –, Piaget soutenait que pour catégoriser de façon logique (formes géométriques, fleurs, animaux, etc.), l'enfant devait apprendre à utiliser un système de classes (de type A, A' et B tel que B = A + A', l'intersection entre A et A' étant vide), c'est-à-dire distinguer et coordonner en « compréhension » et en « extension » les classes impliquées[19]. C'est ce qu'on appelle la logique des classes, un algorithme de catégorisation. Un exemple et quelques mots d'explication : imaginez qu'on dispose sur une table, devant l'enfant, des fleurs (B) incluant des marguerites (A) et des roses (A'). La *compréhension* (on dit aussi l'*intension* en logique) correspond à l'ensemble des ressemblances, des propriétés qui existent entre les objets à classer (les critères de catégorisation : forme, couleur, nom de fleur, etc.), alors que l'*extension* délimite l'ensemble des objets présents auxquels s'appliquent ces propriétés (par exemple, toutes les marguerites et rien que les marguerites). L'extension est donc quantifiable : l'enfant peut compter le nombre de marguerites, de roses ou de fleurs sur la table. D'où l'idée qu'a eue Piaget de tester l'enfant en lui posant une question dite de « quantification de l'inclusion ».

Cette tâche d'inclusion consiste à présenter à l'enfant, par exemple, dix marguerites (A) et deux roses (A') en lui demandant : « Y a-t-il plus de marguerites ou plus de fleurs ? » (donc plus de A ou plus de B ?). Jusqu'à 6-7 ans, l'enfant se trompe et répond : « Plus de marguerites ! » C'est, selon Piaget, un défaut d'inclusion de la sous-classe des marguerites dans la classe des fleurs (qui inclut aussi les roses). Cette réponse verbale est une erreur d'intuition perceptive (en raison de la saillance visuelle et spatiale des dix marguerites par rapport aux deux roses) qui révèle que l'enfant n'a pas encore acquis un mode de catégorisation logique, au sens du système des classes A, A' et B. À partir de 6-7 ans en revanche (enfant d'école élémentaire) – toujours « l'âge de raison » –, il devient capable de réponses correctes du type : « Plus de fleurs que de marguerites parce que les roses sont aussi des fleurs. » La logique des classes, appliquée à des objets concrets, est dès lors acquise – *en même temps* que le nombre selon la prédiction du synchronisme opératoire de Piaget. C'est le fameux stade de la mise en place des opérations concrètes, pour le nombre et la catégorisation logique, d'après le modèle incrémental des stades en escalier.

Enfin, au dernier stade de l'intelligence, celui des opérations formelles (de 12 à 16 ans), l'enfant, devenu adolescent, acquiert la capacité de raisonner directement sur des propositions logiques, des idées, des hypothèses[20]. C'est le « raisonnement hypothético-déductif » (le « si-alors » sur des propositions abstraites). On rejoint ainsi, à travers ce parcours psychologique progressif, stade après stade, les algorithmes logiques de l'adulte.

Mise en place des algorithmes du raisonnement abstrait, hypothético-déductif

Lors de ce dernier stade, 11-12 ans et plus, outre la puberté et ses aspects physiques, sexuels propres à l'adolescence, il s'opère une sorte de « décrochage » ou plutôt de « décollage » de la pensée par rapport au réel. Désormais, les traitements quantitatifs (nombre) et qualitatifs (catégorisation) que réalise l'enfant portent moins sur des objets concrets que sur des idées, des abstractions. C'est le raisonnement dans toute la force du terme.

De ce point de vue, il n'est pas étonnant que ce soit à l'adolescence que les enfants, devenus grands, commencent à vouloir « refaire le monde » en s'opposant aux systèmes en place et, pour commencer, à celui des parents. C'est l'âge des grands idéaux et des premières « théories personnelles », politiques, philosophiques, littéraires ou scientifiques. Piaget en était lui-même un prodigieux exemple avec ses premiers articles scientifiques écrits entre 11 et 16 ans. Dans le domaine de la poésie, Rimbaud en est un autre : dès 16 ans, il conçoit l'aventure du voyant, « un long, immense et *raisonné* dérèglement de tous les sens ».

Les adolescents découvrent ainsi, pour la première fois, l'extraordinaire puissance de leur cerveau lorsqu'il se met en « mode hypothético-déductif » (« si-alors »), même si ce mode cognitif fonctionnait déjà concrètement avant. C'est *a priori* aussi fort sur le plan intellectuel que l'est la découverte, parfois contemporaine, de l'amour sur le plan affectif. Tout devient possible… du moins par la pensée. Pour différencier ce nouveau stade (les opérations formelles) du précédent (les opérations concrètes : nombre, catégorisation, sériation, etc.), Piaget a utilisé une belle formule : avant l'adolescence, le possible est un cas particulier du réel ; après, *c'est le réel qui devient un cas particulier du possible.* C'est cela le « décollage » de la pensée par rapport aux objets

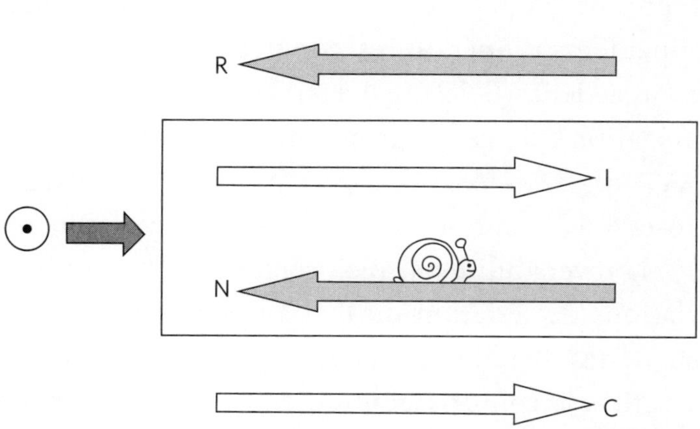

Figure 10. Dispositif expérimental de test de la logique formelle selon Piaget : l'escargot sur sa planchette (I = opération directe ou Identique spéciale, N = Négation, R = Réciprocité, C = Corrélative, ⊙ = symbole qui indique le point de référence, c'est-à-dire le point de vue du sujet de l'expérience sur le dispositif).

concrets (les jetons, les fleurs, les baguettes, etc., des exemples précédents).

Dans sa théorie, Piaget décrit un système assez complexe de règles logiques qui se combinent (la « logique des logiciens »), système qui correspond au stade ultime d'organisation cognitive[21]. Pour faire comprendre les choses de façon tout à la fois formalisée et simple, voici l'exemple du problème hypothético-déductif de l'escargot. Il permet d'illustrer la nature de la structure formelle complexe ou l'« algorithme générique » qui, selon Piaget, se met en place au cœur de l'adolescence : le « groupe INRC » ou groupe des deux réversibilités (où N et R indiquent les deux réversibilités, par inversion ou négation, N, et par réciprocité, R, où I représente la transformation nulle ou « identique » et C, la corrélative, inverse de la réciprocité).

Ce groupe d'opérations constitue la synthèse finale des « groupements » opératoires concrets. On trouve déjà au stade précédent (6-12 ans) la réversibilité par inversion (ou négation) dans les groupements de classes logiques (A + A' = B ○ B – A' = A : par exemple, 10 marguerites + 2 roses = 12 fleurs et 12 fleurs - 2 roses = 10 marguerites)[22], la réversibilité par réciprocité dans les groupements de relations de sériation où l'enfant ordonne logiquement des baguettes de tailles différentes (un élément quelconque de la série est compris comme étant simultanément plus grand que le précédent, E > D, C, B, A, et plus petit que le suivant, E < F, G, etc.)[23], c'est-à-dire une réversibilité qui prend la forme d'une réciprocité (par rapport à la baguette E, D et F sont réciproques). Mais aucune structure de l'étape concrète, chez l'enfant (6-12 ans), ne compose ces deux réversibilités. Un tel système général (appelé « groupe » au sens mathématique du terme) constitue, selon Piaget, la synthèse cognitive finale des systèmes partiels ou « groupements » construits au cours du stade des opérations concrètes, « puisqu'il réunit en une même organisation totale les inversions et les réciprocités jusque-là séparées[24] ». C'est un méga-algorithme !

Cette nouvelle structuration cognitive des opérations de l'intelligence sous-tend le raisonnement hypothético-déductif qui doit conduire à la performance correcte dans le problème de « l'escargot sur sa planchette ». Soit un escargot (en l'occurrence une coquille vide) placé sur une planchette posée sur une table, et un point de référence sur cette même table (pour rappel, dans le groupe INRC, I = opération directe ou Identique spéciale, N = Négation, R = Réciproque et C = Corrélative).

L'escargot sur sa planchette peut effectuer un parcours dans un sens, I, ou dans le sens qui annule le premier parcours, N. Mais l'expérimentateur peut avancer la planchette dans le sens contraire de I : I n'est plus annulé par N, mais par ce mouvement réciproque, R (par rapport au point de référence fixé sur la table). L'inverse de R est C, opération corrélative de I, puisque les parcours I et C se cumulent.

Au stade des opérations concrètes (6-12 ans), l'enfant est capable de raisonner sur chacun de ces systèmes : parcours de l'escargot sur la planchette, I et N (aller-retour, c'est très simple) et parcours de la planchette sur la table, C et R. C'est seulement vers 11-12 ans, devenu adolescent, qu'il peut, par « si-alors » et par rapport au point de référence, commencer à coordonner les deux systèmes (composant la réversibilité de l'un avec celle de l'autre). Le raisonnement hypothético-déductif assure dès lors aux opérations de l'intelligence une capacité d'abstraction inégalée jusque-là en structurant les possibles (ce qui peut formellement se passer ; ici, les déplacements de l'escargot et/ou de la planchette) dont le réel devient un cas particulier.

Piaget arrive ainsi à sa démonstration : la logique et ses algorithmes (algèbre de Boole ou autre) sont le miroir de la pensée, un modèle de la raison dont la psychologie de l'intelligence correspond à l'étude scientifique et expérimentale. Cette ouverture de l'esprit humain – au cours du développement cognitif – sur de nouveaux possibles ou copossibles à imaginer, inférer, mettre en relation et structurer mentalement a fait l'objet des recherches de Piaget jusqu'à la fin de sa vie (1980), comme l'attestent ses quatre publications posthumes : *Le Possible et le Nécessaire* (en deux volumes), *Vers une logique des significations* et *Morphismes et catégories*[25].

Critique 1 : la logique mentale existe-t-elle ?

Après Piaget, durant les années 1980 et 1990, différents courants de recherche ont animé la psychologie cognitive du raisonnement. Un débat important a alors opposé ceux qui croyaient comme Piaget à l'existence d'une logique mentale (d'abord concrète, puis formelle) et ceux qui n'y croyaient pas.

Le premier point de vue a été défendu par le psychologue du raisonnement Martin Braine[26]. Selon Braine, il existe réellement dans le cerveau humain, comme dans les manuels depuis Aristote, une logique déductive universelle et naturelle, limitée toutefois à des opérations ou algorithmes élémentaires. La fonction de cette logique est de faciliter les interactions verbales par un ensemble de règles formelles réalisées automatiquement et acquises durant l'enfance à partir du langage (le fameux « si-alors », par exemple). Ce point de vue est très piagétien, si ce n'est que Braine accorde au langage, dans l'enfance, le rôle clé que Piaget accorde aux actions et opérations mentales (Piaget reconnaît néanmoins le rôle du langage par le biais de la fonction symbolique).

Inversement, le psychologue du raisonnement Philip Johnson-Laird a soutenu que la logique mentale, même élémentaire, n'existe pas[27]. Selon lui, tous nos raisonnements peuvent s'expliquer non par l'usage de règles verbales et logiques de *nature syntaxique** (Piaget, Braine), mais par une sorte de mise en scène visuo-spatiale (ou graphique) d'acteurs incarnant les données du problème, *leur sens*, dans un théâtre interne qu'il appelle un « modèle mental » (lui-même décliné en modèles alternatifs à tester mentalement). De très nombreuses expériences de psychologie expérimentale ont été réalisées pour trancher entre ces deux théories – logique mentale *vs* modèles mentaux – sans y parvenir, chaque « école » rapportant des données comportementales étayant son point de vue et récusant l'autre.

Le plus vraisemblable biologiquement[28] est que, comme le pensent Braine et Piaget (après Aristote, Descartes et bien d'autres), notre cerveau dispose d'au moins quelques règles logiques ou algorithmes organisés en un système utile à notre adaptation. Cela n'exclut pas l'existence d'autres formes de raisonnement, comme nous le verrons au chapitre suivant.

Critique 2 : un développement dynamique et non linéaire

La critique la plus fondamentale adressée aujourd'hui à Piaget ne porte pas tant sur la logique mentale, dont il est difficile de douter d'une existence minimale, mais sur la conception même du développement cognitif. La nouvelle psychologie de l'enfant, déjà évoquée dans le chapitre 1, remet, en effet, en cause le « modèle de l'escalier », c'est-à-dire du progrès incrémental selon Piaget, stade après stade ou, pour le moins, indique qu'il n'est pas le seul possible[29]. Outre que la hiérarchisation et le synchronisme opératoires – obligations structuralistes –, prédits par Piaget, ne sont pas vérifiés dans les faits (les tâches correspondant à un même stade ne sont pas réussies au même moment par les enfants)[30], un paradoxe majeur est apparu : celui des compétences précoces et des incompétences tardives.

D'une part, il existe déjà chez les bébés des capacités cognitives assez élaborées, en particulier des formes de raisonnement probabiliste sur des motifs statistiques (mais aussi divers algorithmes ou proto-connaissances physiques et logico-mathématiques)[31], ignorées par Piaget et non réductibles à un fonctionnement strictement sensori-moteur (la « première marche de l'escalier »). Pour le nombre, par exemple, les bébés et jeunes enfants possèdent déjà l'algorithme visuel d'invariance du nombre par rapport à la longueur (dès quelques mois)[32] ainsi que les principes du comptage, selon un algorithme logico-verbal, dès 3 ans[33], alors même qu'ils échouent encore jusqu'à 6 ans dans la tâche de conservation du nombre de Piaget. Ce n'est donc pas le nombre, en tant que tel, qui leur fait défaut, comme l'avait déjà observé Jacques Mehler dès la fin des années 1960[34]. Ce détracteur de Piaget avait, en effet, publié dans la revue *Science* des données révélant l'existence du sens du nombre dès 2 ans dans une tâche modifiée de Piaget, avec un réel défi (choisir entre deux rangées inégales de bonbons). On sait aujourd'hui que ce sens précoce du nombre est situé dans le sillon intrapariétal (SIP) du cerveau des bébés et des jeunes enfants[35].

D'autre part, inversement à cette logique précoce, la suite du développement de l'intelligence jusqu'à l'adolescence et l'âge adulte compris (la « dernière marche ») est jalonnée d'erreurs de raisonnement, de biais perceptifs et sémantiques (liés à des heuristiques intuitives) et de décalages inattendus, incluant des retours en arrière ou « régressions », non prédits par la théorie piagétienne[36]. Ainsi, plutôt que de suivre une ligne ou une flèche qui irait du sensori-moteur à l'abstraction logique pure et infaillible (telle l'oblique de l'escalier des stades de Piaget), l'intelligence du cerveau avance de façon beaucoup plus biscornue et accidentée, c'est-à-dire dynamique et non linéaire.

Cette nouvelle image de l'ontogenèse cognitive est cohérente avec certaines conceptions – non linéaires elles aussi – de la construction des connaissances dans l'histoire des sciences. Ainsi, pour Michel Serres, le temps de la science, à travers les siècles, fait apparaître des points d'arrêt, des ruptures, des puits, des cheminées d'accélération foudroyante, des déchirures, des lacunes[37]. Cet historien et philosophe des sciences propose la métaphore d'un temps qui se plie et qui se tord, tel un mouchoir chiffonné au fond d'une poche, dont les rapports relèvent de la topologie, science des voisinages et des déchirures, et non de la « géométrie métrique », science des distances bien définies et stables (qui seraient ici représentées par les stades de Piaget). C'est une autre épistémologie. Déjà dans *L'Enfant*, en 1936, Maria Montessori alertait : « L'intelligence ne se construit pas lentement..., comme le concevait la psychologie mécanique[38] ». De fait, elle se construit de manière dynamique et non linéaire, avec des fulgurances, des points d'arrêt et des lacunes.

Nous verrons dans le dernier chapitre que cette dynamique impose, pour l'expression même du système logique (algorithmes), des mécanismes de régulation, de contrôle cognitif dit « exécutif » (inhibition, résistance cognitive) exercés par le cortex préfrontal, à l'avant du cerveau. Ce sont ces mécanismes exécutifs qui permettent de bien raisonner au cas par cas. Mais avant de parler de régulation des systèmes de raisonnement par le cerveau, de l'inhibition de l'un pour activer l'autre, il faut d'abord comprendre quels systèmes entrent en compétition, créent des interférences, des conflits cognitifs avec la logique, sources de biais de raisonnement et d'erreurs systématiques, tant chez les enfants que chez les adultes. Comment interviennent ces systèmes, dans quel ordre et pourquoi ? Une bonne façon de comprendre les données expérimentales actuelles est de distinguer, en première analyse, deux grands systèmes de raisonnement, constitués chacun de multiples stratégies (des automatismes et heuristiques pour certaines), comme le fait Daniel Kahneman, à la suite d'autres psychologues contemporains : un système intuitif, rapide et émotionnel (le système 1), opposé à un système plus réfléchi, logique et exact (le système 2)[39].

L'erreur de Piaget est d'avoir cru que le système 2, avec ses règles ou algorithmes logiques, se substitue peu à peu au cours du développement, stade après stade, aux intuitions et heuristiques du système 1, jusqu'au point de les faire totalement disparaître. Selon lui, le système 2 remplace le système 1. Mais les choses ne se passent pas ainsi. Comme l'ont démontré expérimentalement Kahneman, prix Nobel à la clé, et bien d'autres chercheurs ces trente dernières années, les intuitions ou heuristiques du système 1 ne disparaissent pas. Elles subsistent dans le cerveau humain et *dominent même, via* les biais cognitifs, beaucoup de jugements et décisions des adultes, souvent inconsciemment. Cela est totalement contradictoire avec la théorie et les prédictions de Piaget.

Une cathédrale d'algorithmes, si fragile

Piaget a en fait été piégé par son excès théorique d'épistémologie (le débat avec Russell), son obsession de montrer que « la logique est le miroir de la pensée », ce qui exige une progression nécessaire vers l'abstraction logique (que Piaget appelle d'ailleurs « majorante ») du système 2. Dans cette abstraction, les intuitions et heuristiques erronées du système 1 – celles des stades initiaux (notamment le stade préopératoire ou intuitif jusqu'à 7 ans) – n'ont plus aucune place. Elles doivent s'effacer. Le Piaget épistémologue a donc pris le pas sur le Piaget psychologue qui refusait de voir les nombreuses contradictions à sa théorie : des algorithmes logiques plus précoces qu'il ne le prédisait (chez le bébé et le jeune enfant) ou, au contraire, des intuitions et heuristiques erronées trop tardives par rapport aux structures logiques en place à un stade donné du développement. Obligé de constater ces contradictions – ses détracteurs et même ses collègues l'y incitaient –, Piaget les a appelées, sans renoncer à sa théorie, des décalages horizontaux (au sein d'un même stade) ou verticaux (d'un stade à l'autre). Et pourquoi pas « obliques » ? Piaget était structuraliste[40], comme beaucoup d'intellectuels de l'époque, et un structuraliste ne peut tolérer tant de décalages et de bricolages. Un psychologue non plus d'ailleurs, car avec autant d'observations contraires, la théorie des stades de Piaget volait en éclats !

Nous avons déjà relevé plus haut une telle contradiction pour la notion de nombre (testée par la tâche de conservation) où des compétences numériques précoces venaient invalider la théorie piagétienne. En voici un autre exemple, dans le sens inverse (incompétences tardives), pour la catégorisation. À la suite des travaux de Piaget sur la tâche d'inclusion des classes (10 marguerites (A) et 2 roses (A'), « Y a-t-il plus de marguerites ou plus de fleurs (B) ? »), durant les décennies 1970 et 1980, plusieurs psychologues du développement, dont Jacqueline Bideaud, Jacques Lautrey et moi-même en France (voir l'introduction), avons découvert qu'au stade dit de « catégorisation logique » selon Piaget (entre 7 et 12 ans, stade opératoire concret), les enfants n'étaient pas logiques du tout, commettant encore une grossière erreur d'inclusion des classes. Plutôt que de penser logiquement, l'enfant *bricole,* a dit alors très habilement Bideaud[41].

À partir du même matériel de fleurs : on demande à l'enfant qui a d'abord répondu correctement à la question d'inclusion de Piaget (en disant « Plus de fleurs ») : « Oui, mais peut-on faire quelque chose ou ne peut-on rien faire pour avoir plus de marguerites que de fleurs ? » (donc plus de A que de B). Chacun d'entre nous sait que c'est impossible. Nous en sommes même absolument certains, l'algorithme d'inclusion des classes y oblige (c'est ce qu'on appelle la « nécessité logique ») ! L'enfant de plus de 7 ans devrait l'être aussi selon le modèle des stades de Piaget, car il possède la structure logique correspondante (le groupement additif des classes, A + A' = B ○ B – A' = A). Pourtant, il se trompe et répond, jusqu'à l'âge de 12 ans : « T'as qu'à ajouter des marguerites ou enlever des fleurs ! » Pour Piaget, cette réponse intuitive était tout simplement impossible à ce stade logique ! Or tous les enfants la donnent, c'est un biais cognitif, une heuristique (« pour avoir plus de…, on ajoute » et « pour avoir moins de…, on enlève »), révélant la fragilité de leur logique des classes – je reviendrai en détail sur l'explication de cette merveilleuse erreur enfantine qui a été l'objet de ma thèse de doctorat[42].

En conclusion, c'est parce que Piaget a cru que l'intelligence humaine était un méga-algorithme logique en construction (la logique *devait* être le miroir de la pensée), ou plutôt une cathédrale d'algorithmes trop bien emboîtés, coordonnés et hiérarchisés, qu'il s'est trompé. Il a préféré l'enfant épistémique, abstrait, celui des algorithmes logiques, à l'enfant psychologique réel, celui des intuitions et des heuristiques. On l'a dit, Piaget était plus épistémologue que psychologue. La cathédrale logique était belle, mais si fragile.

CHAPITRE 5

Les heuristiques chez l'adulte selon Kahneman : système 1/système 2

Pour les informaticiens, tout est algorithme, y compris les heuristiques (ils parlent dans ce cas d'*algorithmes heuristiques* qu'ils distinguent des *algorithmes exacts*)[1]. Mais pour le psychologue et le neuroscientifique, on ne peut assimiler des heuristiques à des algorithmes dans le cerveau humain. Les propriétés cognitives qui les définissent sont fondamentalement différentes, même antinomiques, comme nous allons le voir ici à travers de nombreux exemples[2].

Commençons par un exemple concret de déduction logique « si-alors ». Si vous ne l'avez déjà fait pour l'exemple précédent de l'escargot de Piaget (qui n'était pas si simple que cela), n'hésitez pas à vous munir d'un crayon, même de crayons de couleur si vous en avez à proximité, et d'un bloc de papier. Vos systèmes 1 et 2 vont être mobilisés ! Peut-être aussi vos émotions.

Les biais cognitifs dans la déduction : exemple de l'heuristique d'appariement perceptif

Imaginez qu'on vous demande de lire sur un écran d'ordinateur (ou sur une tablette numérique) la règle : « S'il y a un carré rouge à gauche, alors il y a un cercle jaune à droite », puis de sélectionner avec la souris (ou le doigt) deux formes qui rendent cette règle vraie parmi diverses figures affichées (des formes géométriques simples de couleurs variées) : vous allez, comme tout le monde, placer un carré rouge à gauche et un cercle jaune à droite (c'est juste). On peut aussi introduire une négation dans le conséquent (la partie « alors... ») : « S'il y a un carré rouge à gauche, alors il n'y a pas de cercle jaune à droite. » Dans ce cas aussi, tout le monde donne une bonne réponse : par exemple, un carré rouge à gauche et un losange bleu à droite. Un peu plus difficile maintenant : rendre la dernière règle fausse. Pas de problème non plus, tout le monde place un carré rouge à gauche et un cercle jaune à droite. Autant de jeux d'esprit que permet notre logique mentale, acquise à l'adolescence, et qui semblent donner raison à Piaget et à Braine. Cependant, si on avait plutôt introduit la négation dans l'antécédent (la partie « Si... »), ce qui du point de vue de la logique n'est pas techniquement plus compliqué, au moins 90 % d'entre nous, adolescents ou adultes, auraient échoué. Donc presque tout le monde.

Le psychologue britannique Jonathan Evans a ainsi découvert que, si l'on demande aux gens de rendre fausse la règle « S'il n'y a pas de carré rouge à gauche, alors il y a un cercle jaune à droite »,

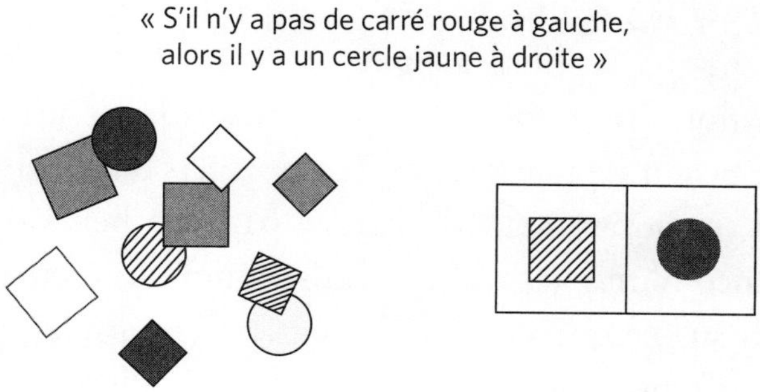

Table de vérité logique

	A	C
1	V	V
2	**V**	**F**
3	F	V
4	F	F

Figure 11. Dispositif expérimental où s'observe le biais d'appariement chez l'adolescent et l'adulte. En dessous, la table de vérité logique d'une règle conditionnelle (si-alors) où la partie « Si... », l'antécédent (A) et la partie « alors... », le conséquent (C), peuvent être chacune vraie (V) ou fausse (F), soit quatre cas de figure. Seul le deuxième (VF) falsifie la règle.

ils répondent (également en croyant répondre juste) : un carré rouge à gauche et un cercle jaune à droite (en se disant intuitivement quelque chose du type : « Je dois rendre la règle fausse, il y a une négation au début, donc si j'apparie exactement ma réponse avec les deux formes citées dans la règle, ça doit être bon »). Or ce n'est pas la bonne réponse, c'est une erreur de logique appelée le « biais d'appariement[3] ». Ce biais est notamment déclenché par une heuristique qui, en présence d'une négation, focalise automatiquement notre attention sur ce qui est nié. On sait, par exemple, que si on dit à un enfant qu'il n'y a pas (ou plus) de glace au chocolat il y pense toute la journée. Ou encore cet exemple donné par Gerald Edelman dans son livre *Biologie de la conscience* : si on vous dit de ne pas penser à un éléphant, comme la plupart des gens vous allez immédiatement construire l'image mentale d'un éléphant[4].

Ce biais d'appariement (ici, carré rouge, cercle jaune) dans une tâche « si-alors » est donc un raté, un accroc, une « erreur tardive » des adolescents et des adultes (« tardive » en termes de développement cognitif). C'est un décalage, une régression par rapport à la logique formelle, décalage non prédit par Piaget. Dans le modèle piagétien, on est au dernier stade cognitif, logique, à la dernière marche… et bien au-delà s'il s'agit d'adultes. Même des polytechniciens se trompent et présentent le biais d'appariement : nous l'avons testé, lors de séminaires de formation, avec des cadres supérieurs d'un grand groupe industriel français. Cela n'exclut pas que la logique mentale existe, mais démontre que l'une des caractéristiques du cerveau humain est de s'en écarter plutôt que de l'appliquer – quel que soit le niveau de formation académique.

C'est cela aussi la psychologie du raisonnement, ignorée par l'histoire piagétienne « officielle » (très épistémique) qui conduit du bébé au logicien.

Définition générale des biais de raisonnement

À partir d'exemples de ce type, Evans s'est engagé dans l'écriture de l'« autre histoire » (je pense, donc je me trompe), consacrée aux écarts à la logique : « Il y a, selon moi, écrit-il, suffisamment de données indiquant des erreurs et des biais de raisonnement pour justifier une tentative de classification systématique de tels phénomènes [...]. Je considère cette démarche comme complémentaire de celles d'autres psychologues [Piaget, Braine, etc.] qui décrivent les mécanismes sous-jacents aux compétences[5]. » Il définit les biais de raisonnement comme des tendances systématiques à prendre en considération des facteurs non pertinents pour la tâche à résoudre et à ignorer les facteurs pertinents.

Ainsi, dans la tâche du « si-alors » et des formes géométriques colorées (« S'il n'y a pas de carré rouge à gauche, alors il y a un cercle jaune à droite »), il ne fallait pas se laisser influencer, piéger, par la *perception* des éléments cités dans la règle (ici carré rouge et cercle jaune), mais raisonner selon la table de vérité logique, l'algorithme, en choisissant une situation où l'antécédent de la règle est vrai (pas un carré rouge) et le conséquent faux (pas un cercle jaune) : par exemple, un carré vert à gauche et un losange bleu à droite (d'autres réponses logiques sont possibles ; ce qu'il faut choisir, c'est tout sauf un carré rouge à gauche et tout sauf un cercle jaune à droite). C'est cela qui rend la règle fausse comme l'exige la consigne du problème. Être logique consiste donc ici à aller *contre la perception* des éléments cités dans la règle, à s'en abstraire, c'est-à-dire à inhiber le biais d'appariement. Nous reviendrons dans le chapitre suivant sur cette composante exécutive d'inhibition qui est au cœur de notre capacité à raisonner correctement. Au cœur de l'intelligence.

Lorsque notre sémantique trompe notre logique : biais de croyance et syllogismes

L'exemple du « si-alors », qui vient d'être analysé, est un biais de nature perceptive (appariement de formes colorées), mais le phénomène des biais cognitifs est si général qu'on en trouve aussi, facilement, des exemples sémantiques, c'est-à-dire liés à des erreurs de raisonnement où nos connaissances générales sur le monde court-circuitent la logique. Dans les syllogismes, il s'agit du biais dit « de croyance ».

Du point de vue de la logique, le caractère *valide* d'une déduction dépend de la structure de l'inférence et non du contenu des phrases en tant que tel (la sémantique) ; il peut même être en contradiction avec nos croyances sur le monde[6]. C'est en ce sens qu'on dit de la logique qu'elle est « indépendante des contenus ». Or Evans a découvert l'existence d'un biais de raisonnement qui conduit à privilégier la stratégie sémantique (crédibilité) par rapport à la stratégie logique (validité), biais de croyance qui existe chez l'enfant, l'adolescent et l'adulte[7]. Une illustration simple est l'exemple où les enfants acceptent systématiquement une conclusion non valide mais crédible : (a) *les éléphants sont des mangeurs de foin*, (b) *les mangeurs de foin ne sont pas lourds*. Est-ce que cela veut dire que (c) *les éléphants sont lourds* ? Les enfants répondent que oui, alors que rien ne leur permet de déduire logiquement cette conclusion des prémisses (c'est-à-dire des deux premières phrases dont on leur demande de les tenir pour vraies). Il a été démontré que la difficulté de ce type de tâche, au cours du développement, est de parvenir à inhiber (comme dans le biais d'appariement) le contenu sémantique de la conclusion, c'est-à-dire ici la forte croyance des enfants quant au poids des éléphants[8]. « Les éléphants sont lourds » est, ainsi qu'on le sait, une connaissance sémantique très générale et fort bien ancrée dans notre cerveau dès le plus jeune âge.

Comme le biais d'appariement (perception), ce biais de croyance (sémantique) chez l'enfant et sa persistance dans divers problèmes chez l'adolescent et l'adulte n'ont pas été identifiés par Piaget. Pour en rendre compte, Evans a proposé un modèle qui prédit que les individus – enfants, adolescents ou adultes – examinent la crédibilité sémantique avant la validité logique[9]. Autrement dit, si la conclusion est crédible, ils l'acceptent sans examen – c'est l'heuristique de croyance ; si elle est non crédible, ils cherchent alors (et alors seulement) si elle découle *validement* des prémisses (en appliquant l'algorithme de vérification logique du syllogisme).

Ces erreurs de syllogismes liées à des conflits sémantiques ne sont donc pas le propre des jeunes enfants, à un stade intuitif et prélogique comme l'aurait prédit Piaget, mais elles sont inscrites dans notre mode de fonctionnement cognitif général, enfants *et* adultes. Dans *Système 1, système 2. Les deux vitesses de la pensée*[10], Kahneman donne l'exemple (a) *toutes les roses sont des fleurs*, (b) *certaines fleurs fanent vite*, donc (c) *certaines roses fanent vite*. Il indique qu'une grande majorité des étudiants de l'université (qu'ils viennent de Harvard, du MIT ou de Princeton) estiment que ce syllogisme est valide. Cette réponse est à l'évidence biaisée, car il se peut qu'il n'y ait aucune rose parmi les fleurs qui fanent vite. Mais la conclusion est crédible (certaines roses fanent vite, en effet) et, comme l'écrit Kahneman, « il faut travailler dur pour l'écarter. L'idée insistante que "c'est vrai, c'est vrai" rend difficile la vérification logique, et la plupart des gens ne se donnent pas la peine de réfléchir au problème[11] ». Pour reprendre les termes d'Evans (le modèle crédibilité/validité) : si la conclusion est crédible (certaines roses fanent vite), les gens l'acceptent sans examen ; ils ne s'inquiètent (s'alertent) qu'en cas de conflit entre la conclusion et leurs croyances ou connaissances habituelles. On est ici au cœur de l'économie et même de la paresse du raisonnement humain.

Deux systèmes : système 1 (heuristiques intuitives) et système 2 (algorithmes logiques)

Dans son ouvrage, *Bias in Human Reasoning* (véritable bible des biais de déduction)[12], Evans analyse les biais de raisonnement en termes de stratégies *heuristiques*, c'est-à-dire rapides, relativement automatiques (l'appariement perceptif ou la crédibilité sémantique en étant de bons exemples), opposées aux stratégies *analytiques*, plus lentes, mais contrôlées et attentionnelles, qui correspondent à la compétence déductive : l'algorithme logique (système de Piaget). Ensuite, avec son collègue David Over[13], il introduit l'idée (compatible

Figure 12. Daniel Kahneman (1934-), psychologue lauréat du prix Nobel d'économie en 2002 pour sa théorie des heuristiques.

avec la première distinction) de deux formes de rationalité qu'il a simplement numérotées 1 et 2. La rationalité 1 est une forme de « raisonnement quotidien » que les gens utilisent pour atteindre leurs buts sans chercher à se conformer à la logique. La rationalité 2 correspond à la compétence déductive telle qu'étudiée par Piaget (le stade des opérations formelles) et Braine (la logique mentale)[14]. Selon Evans et Over, c'est au niveau de la rationalité 1 que s'insèrent les biais de raisonnement par rapport à la rationalité 2.

Cette distinction théorique de deux systèmes S1 et S2 (ou R1 et R2), aussi simple que peut l'être une dichotomie (pour une fonction cognitive de la complexité du raisonnement), a connu un grand succès[15]. Evans l'a ensuite reprise pour préciser comment les deux systèmes (ou formes d'esprit) n'agissent *que dans un seul cerveau* et sont contraints par lui (démonstration que nous avions faite expérimentalement dès 2000 par la mesure du biais d'appariement perceptif, comparé aux réponses logiques, dans une expérience d'imagerie cérébrale)[16]. Enfin, S1/S2 est la dichotomie retenue en 2012 par Kahneman, dix ans après l'obtention de son prix Nobel d'économie, pour structurer la publication de l'ensemble de ses travaux[17].

Avant d'explorer plus en détail la contribution de Kahneman à propos du système 1, système intuitif et heuristique avec ses multiples biais et erreurs de jugement (erreurs que font « en général les gens »), rappelons que Piaget écrit, à propos des opérations logiques de l'adolescent et de l'adulte (opérations décrites dans le chapitre 4, le groupe INRC notamment), qu'il s'agit de « potentialités que peut utiliser un sujet normal même si chacun ne les réalise pas toutes et même si leur actualisation est sujette à des accélérations ou à des retards[18] ». Piaget pense ainsi prévoir tous les cas de figure possibles par rapport à sa théorie. Mais il n'a jamais imaginé que les erreurs de raisonnement, dans des tâches de logique *élémentaire* (celles d'Evans, Kahneman, etc.), puissent être *systématiques*, c'est-à-dire des caractéristiques stables de tous les adolescents et adultes « normaux » (entre 80 et 100 % selon les biais), aussi stables que le sont en principe, selon lui, les structures logiques (on se souvient que Piaget est structuraliste). Ainsi que l'a très bien souligné le psychologue néopiagétien Kurt Fischer, on découvre aujourd'hui que « le décalage [par rapport à la logique] est la règle du développement cognitif » et non l'exception[19]. C'est aussi vrai des décisions absurdes dans le monde de la technologie et du management (on y reviendra dans le chapitre suivant)[20].

Les propriétés cognitives du système 1 selon Kahneman

Dès le début de son ouvrage *Système 1, système 2,* Kahneman annonce sans ambiguïté que « c'est le système 1, automatique, le héros du livre[21] ». La différence est claire avec Piaget pour qui (à la suite d'Aristote, de Descartes, etc.) le héros est, au contraire, la logique ou le système 2, tel qu'il se développe de l'enfant à l'adolescent. À cet égard, Kahneman renoue (sans le citer) avec Pascal selon qui notre pensée doit être double : l'esprit de géométrie (système 2) et l'esprit de finesse, au sens d'un raisonnement intuitif et rapide, sans conscience (système 1).

Afin de mieux caractériser psychologiquement le système 1 (déjà bien identifié par Evans ci-dessus dans sa définition des biais de la rationalité 1), Kahneman énumère, touche par touche, une série de propriétés qui, selon lui, fondent notre système 1 de raisonnement[22] : S1 fonctionne automatiquement et rapidement – *très* rapidement, d'où l'accent mis dans le titre de son livre sur *la vitesse de la pensée* – avec peu ou pas d'effort et sans contrôle délibéré ; il produit des impressions, des sentiments, des inclinations, d'où sa caractérisation d'« intuitif » ; il peut fournir des réactions et des intuitions compétentes après un entraînement spécifique (expertise) ; il crée un schéma cohérent d'idées activées en mémoire associative (on retrouve ici les conceptions des empiristes David Hume et Étienne de Condillac)[23] ; il attache une sensation d'aisance cognitive à des illusions de vérité, des sentiments agréables et a, dès lors, une vigilance réduite ; il néglige l'ambiguïté et supprime le doute[24] ; il est biaisé pour croire et confirmer ; il exagère la cohérence émotionnelle (« effet de halo[25] ») ; il se concentre sur les preuves existantes et ignore les preuves manquantes ; il est plus sensible aux changements qu'aux états ; il surestime les probabilités faibles ; il se montre de moins en moins sensible à la quantité (psychophysique) ; il réagit plus fortement aux pertes qu'aux gains (aversion à la perte), etc. L'énumération n'est pas exhaustive, mais tous les lecteurs se seront déjà reconnus !

Kahneman a eu l'originalité de dire le premier avec force – et de démontrer expérimentalement – que ces caractéristiques intuitives du système 1 valent non seulement pour la psychologie cognitive du raisonnement, en laboratoire et au quotidien, mais aussi pour l'économie, où Kahneman et son collègue Amos Tversky ont très sérieusement mis en doute le postulat de rationalité des individus (ou « agents ») dans la théorie standard dominante. Cela a conduit au nouveau courant de l'« économie comportementale » et, complémentairement, à l'approche *nudge* en psychologie sociale à destination des politiques publiques (la métaphore du *nudge* est celle d'une cane qui garde ses canetons dans le droit chemin par une petite poussée discrète)[26]. C'est une approche des incitations en matière d'économie, de sécurité ou de santé qui accroît l'efficacité politique en s'adaptant aux biais psychologiques des individus (*via* le système 1) par petits coups de pouce plutôt que par contraintes logiques ou signalétiques fortes (système 2)[27]. Cela a valu en 2017 à Richard Thaler le prix Nobel d'économie, quinze ans après celui de Kahneman.

Avec la liste énumérée des propriétés du système 1, on comprend que ce système intuitif – et par conséquent notre cerveau avec ses quatre-vingts milliards de neurones (et son million de milliards de connexions) – soit souvent, en dépit de ce formidable potentiel neurocognitif, « une machine à tirer des conclusions hâtives ». C'est ainsi que Kahneman explique le biais de croyance dans les syllogismes : notre système 1 est « biaisé pour croire » que *les éléphants sont lourds* ou que *certaines roses fanent vite* (sa mémoire associative l'y incite), car il fonctionne automatiquement et rapidement, avec peu ou pas d'effort. Cela vaut aussi pour le biais déductif d'appariement dans les règles « si-alors » : l'intuition de rendre faux en reprenant les deux éléments cités dans la règle *substitue* une solution perceptive facile du système 1 à une déduction logique, plus difficile, du système 2.

Les exemples donnés jusqu'ici étaient relatifs à la déduction (syllogismes, règles conditionnelles), mais la contribution expérimentale la plus originale de Kahneman a été de démontrer sa théorie dans le domaine des jugements humains portant sur le probable, c'est-à-dire l'induction. La question théorique est, dans ce cas, de savoir si nos jugements se conforment à la formalisation mathématique classique de l'incertitude : le calcul des probabilités.

Les biais cognitifs dans l'induction : stéréotypes et cadrage

L'exemple le plus célèbre parmi les travaux de Kahneman et Tversky est celui d'un personnage féminin fictif, Linda[28]. On raconte aux individus qui passent l'expérience (des étudiants en général) l'histoire de Linda dont le profil était celui d'une étudiante très engagée à gauche aux États-Unis dans les années 1970. Il s'agit alors de faire une évaluation comparative des probabilités pour que l'ex-étudiante ayant atteint la trentaine soit : 1) employée dans une banque ou 2) employée dans une banque et militante dans un mouvement féministe. Les résultats indiquent qu'environ 80 % des individus interrogés considèrent la proposition « employée-féministe » plus probable, transgressant ainsi le calcul élémentaire de probabilités (p) selon lequel p (a&b) ≤ p (a) où a = employée dans une banque et b = féministe (pensez ou dessinez la situation en termes de deux diagrammes de Venn avec les extensions correspondantes, a et b, et leur zone d'intersection).

Au lieu de se fonder sur le calcul logique de la probabilité (système 2), la grande majorité des individus raisonnent selon une heuristique appelée le « biais de représentativité », c'est-à-dire une ressemblance immédiate avec un stéréotype social en mémoire associative (une intuition du système 1). En 2012, Kahneman raconte très précisément cette découverte : « Nous nous sommes aperçus [avec Tversky] que 89 % des étudiants de notre échantillon ne respectaient pas la logique de la probabilité. Convaincus que des participants formés aux statistiques feraient mieux, nous avons soumis la même question aux doctorants du programme de sciences de la décision de l'école de commerce de Stanford, qui avaient tous suivi des cours de haut niveau dans le domaine des probabilités, des statistiques et de la théorie de la décision. Nous fûmes une nouvelle fois surpris : 85 % d'entre eux classèrent *employée de banque féministe* avant *employée de banque*[29]. »

Le problème de Linda illustre une erreur élémentaire de conjonction des probabilités. La cooccurrence de deux événements est toujours moins probable que l'occurrence d'un seul ; chacun le sait et personne n'en doute s'il s'agit de rechercher sur un site Internet de rencontres ou dans les petites annonces d'un journal à la fois la beauté, l'intelligence et la richesse. Ce biais inductif est d'autant plus stupéfiant que selon la théorie de Piaget, dès l'âge de raison (6-7 ans) les enfants savent bien qu'il y a plus de fleurs que de fleurs-marguerites ou de fleurs-roses (et à l'adolescence, ils manipulent de surcroît le groupe INRC et ses deux réversibilités). Comme les employées de banque, les fleurs sont la classe « emboîtante », et comme les employées de banque féministes, les marguerites (ou les roses) sont la classe emboîtée (c'est la relation logique d'inclusion, l'algorithme de catégorisation). Cela illustre bien le caractère non linéaire du développement du système logique de raisonnement (système 2), ainsi que nous l'avons souligné à la fin du chapitre précédent.

L'ouvrage *Système 1, système 2* de Kahneman fourmille d'exemples de ce type ; beaucoup, comme l'exemple de Linda, sont relatifs au raisonnement inductif et à ses cas particuliers. Dès les premières pages, Kahneman nous invite ainsi à imaginer l'histoire de Steve : « Steve est très timide et réservé, toujours prêt à rendre service, mais sans vraiment s'intéresser aux gens ou à la réalité. Personnalité docile et méticuleuse, il a besoin d'ordre et de structure, et se passionne pour les détails. » La question posée est : Steve est-il plus susceptible de devenir bibliothécaire ou agriculteur ? Votre système 1 est déjà en marche et votre système 2 paresse. La ressemblance entre le profil de Steve et le stéréotype du bibliothécaire (système 1) frappe immédiatement l'esprit (c'est la réponse la plus fréquente), alors que les considérations statistiques (système 2), tout aussi importantes, sont ignorées. Kahneman remarque : « Saviez-vous qu'aux États-Unis, on compte plus de 20 agriculteurs pour 1 bibliothécaire ? Puisqu'il y a tant d'agriculteurs, il est presque sûr que l'on trouvera davantage

Figure 13. L'illusion de Müller-Lyer.

de personnalités dociles et méticuleuses sur des tracteurs que derrière le comptoir d'accueil d'une bibliothèque[30]. »

Outre les « illusions cognitives », Kahneman donne l'exemple des erreurs perceptives comme la célèbre illusion de Müller-Lyer où deux lignes parallèles d'exactement la même longueur paraissent très différentes en raison de flèches en sens inverse qui leur sont apposées. Dans le domaine de la perception visuelle, c'est aussi une expression intuitive du système 1.

Voici à présent un autre exemple dans le domaine de la prise de décision médicale : « l'effet du cadre » ou « cadrage » (exemple qui peut aussi s'appliquer aux décisions ou paris financiers du type « roue de la fortune »). Cette expérience a été réalisée par Tversky et ses collègues à la Harvard Medical School[31]. Les médecins participant à l'étude ont reçu des statistiques concernant le résultat de deux types de traitements pour le cancer du poumon : intervention chirurgicale et radiothérapie. Les taux de survie à cinq ans font clairement pencher la balance en faveur de l'intervention chirurgicale, mais à court terme, cette dernière est plus risquée que la radiothérapie. Des statistiques sont fournies aux participants à l'étude (répartis en deux groupes) ; au premier groupe, on indique qu'à la suite de l'intervention chirurgicale : a) *le taux de survie à un mois est de 90 %* (« cadre survie »), au second, que b) *il y a un taux de mortalité de 10 % le premier mois* (« cadre mortalité »). Du point de vue logique (système 2), a et b sont des statistiques strictement équivalentes. Cependant, les résultats révèlent que dans le « cadre survie » de présentation des données, 84 % des médecins ont retenu l'option de l'intervention chirurgicale, alors que dans le « cadre mortalité », seuls 50 % l'ont fait (50 % pour la radiothérapie).

L'influence des émotions

Ainsi que le remarque Kahneman, nous avons rarement l'occasion de nous rendre compte jusqu'à quel point nos préférences sont dépendantes du cadrage plutôt qu'en prise avec la réalité. Dans l'exemple qui vient d'être donné, le système 1 est très sensible aux mots lestés d'une charge émotionnelle : mourir n'est pas une bonne chose, survivre est une bonne chose, et un taux de survie de 90 % paraît à nos cerveaux encourageant, alors qu'un taux de mortalité de 10 % est effrayant. C'est émotionnellement vrai (du moins compréhensible) pour le système 1, mais ne devrait pas l'être pour le système 2.

De façon générale, Kahneman a démontré que nous ressentons une aversion excessive pour les pertes dans les choix médicaux ou financiers (*via* le système 1), par rapport aux gains potentiels (calculs ou algorithmes exacts du système 2), ce qui a conduit à des recommandations politiques sur l'importance de la formulation (ou cadrage) des informations auprès des gens : lors d'une campagne de prévention par exemple, si un résultat potentiel est présenté comme une perte, il aura sans doute plus d'impact sur la population que s'il est présenté comme un gain.

Ces observations laissent entrevoir à quel point les émotions peuvent s'engouffrer dans le système 1. Au point d'ailleurs que l'effet du cadre peut être « neutralisé en laboratoire » par une modification expérimentale dite « incidente » du contexte émotionnel : une induction positive (image agréable), juste avant le choix, fait disparaître l'effet du cadre[32].

Pour décrire les relations entre ces émotions et le raisonnement, Kahneman – en se référant au psychologue Paul Slovic – parle même, plus généralement, d'« heuristique de l'affect » (le simple sentiment d'aimer ou de ne pas aimer), à savoir une *substitution* émotionnelle où la réponse à une question facile (Qu'est-ce que je ressens sur tel sujet ? J'aime, je déteste, etc.) sert de réponse à une question plus difficile, exigeant réflexion, analyse et délibération cognitives (Qu'est-ce que j'en pense ?)[33].

Kahneman, avec Slovic, fait l'hypothèse que cette influence des émotions pourrait s'opérer *via* le système 1 sans que nous en ayons nécessairement conscience. Il fait ici référence aux travaux du neuroscientifique Antonio Damasio, selon lequel l'évaluation émotionnelle des résultats d'un choix, la condition physique et les tendances à l'approche et à la fuite qui y sont associées jouent un rôle central dans les prises de décision par notre cerveau. C'est la théorie dite « des marqueurs somatiques », théorie à la fois biologique et psychologique qui explique comment les émotions peuvent guider le raisonnement dans notre cerveau, *via* le cortex préfrontal et les fonctions exécutives (fonctions de contrôle : marche/arrêt).

Toutefois, la théorie de Damasio, fondamentale dans le domaine, va aussi nous permettre d'introduire ici l'idée que les systèmes 1 et 2 de Kahneman ne suffisent pas pour comprendre les mécanismes du raisonnement, car, en cas de conflits cognitifs sérieux entre les intuitions (très fortes on l'a vu) et la logique, il faut nécessairement à notre cerveau un autre système d'arbitrage, de contrôle inhibiteur (système 3 dit « exécutif » : arrêt de S1, mise en marche de S2). Ce système de « résistance cognitive » ne peut relever ni (évidemment) des intuitions du système 1 de Kahneman ni de la pure logique des algorithmes du système 2 (Piaget), surtout lorsque les premières, quasi irrépressibles, et la seconde s'enferment dans des conflits à répétition (où S1, plus rapide, part gagnant : « le héros » de Kahneman). Le besoin aigu de contrôle exécutif – qui peut justifier des interventions pédagogiques ciblées[34] – est vrai chez l'adulte (les exemples de ce chapitre l'illustrent), mais l'est plus encore chez l'enfant en raison de la maturation inachevée du cortex préfrontal[35].

Le trait d'union entre ces conceptions des systèmes cognitifs, S1 (intuitif) *vs* S2 (logique), et S3 (exécutif) est le cerveau cognitivo-émotionnel au sens où l'entend Damasio, c'est-à-dire une forme de *guidage vers* la raison et non (comme chez Kahneman) une tendance émotionnelle et inconsciente trompeuse (ou biais de S1) qui lui serait par définition contraire.

L'hypothèse des marqueurs somatiques de Damasio

L'œuvre neuroscientifique de Damasio, outre ses nombreux articles spécialisés, est consignée dans d'importants ouvrages : *L'Erreur de Descartes*, *Le Sentiment même de soi*, *Spinoza avait raison*, *L'Autre Moi-Même* et *L'Ordre étrange des choses*[36].

Sa théorie des relations émotion-cognition, appelée aussi « hypothèse des marqueurs somatiques », s'inscrit – à tort ou à raison selon les philosophes – contre l'erreur cartésienne d'un esprit (l'âme) considéré « à part » du corps (dualisme ou « erreur de Descartes » selon Damasio[37]). Cette idée a été la source, vers le milieu du XXe siècle, de la métaphore erronée de l'esprit humain assimilé à un logiciel informatique, donc indépendant par principe du cerveau et du corps. Mais les circuits du cerveau ne sont pas ceux d'un ordinateur classique (inversement, nous avons évoqué dans le chapitre 2 que les chercheurs essayent aujourd'hui de construire un cerveau artificiel inspiré, mais très schématiquement encore, de nos réseaux de neurones).

Les circuits du cerveau humain comportent des régions de l'émotion comme l'amygdale, impliquée dans la peur du danger, et le système limbique en général, siège de multiples formes d'émotions (or un ordinateur n'a *a priori* pas peur). Il y a aussi dans le cortex dit « paralimbique » (autour du précédent), à l'avant (préfrontal), en bas (ventro) et au milieu (médian), une région essentielle appelée le cortex préfrontal ventro-médian (CPVM). Les chercheurs de l'équipe de Damasio ont ainsi découvert, à partir d'expériences de laboratoire menées avec des patients atteints de lésions spécifiques de cette région du cerveau : 1) que ceux-ci ne semblaient plus ressentir d'émotions et étaient incapables d'en détecter chez autrui (l'un des indicateurs utilisés était la variation de la conductance cutanée, c'est-à-dire une réponse émotionnelle de la peau) ; 2) que tout se passait comme si leur façon de raisonner *de sang-froid* les empêchait d'attribuer des poids différents aux diverses solutions qui s'offraient à eux, de sorte que le « paysage » où s'opéraient leurs prises de décision était sans relief. Cette belle image du paysage – sous la plume de Damasio –, paysage cérébral où doivent s'organiser et se hiérarchiser les idées, le « relief du raisonnement », rappelle

Balzac et ses « champs de la pensée », « champs cérébraux, vignes littéraires et bois intelligentiels[38] ».

Ce sont ces observations neuropsychologiques (auprès de patients) réalisées par l'équipe de Damasio à propos du CPVM qui sont à l'origine de sa théorie des marqueurs somatiques. Par déduction, dans le cerveau sain, la capacité d'exprimer et de ressentir des émotions aurait pour rôle de nous indiquer la bonne direction, de nous placer au bon endroit dans l'espace où se joue la prise de décision, là où nous pouvons mettre en œuvre correctement les principes de la logique (les algorithmes du système 2). Le cortex préfrontal joue, de ce point de vue, un rôle central, car il reçoit des signaux de toutes les régions sensorielles du cerveau où se forment les « images » qui sont à l'origine de nos processus de raisonnement, y compris des aires somato-sensorielles où les états du corps passés et présents sont cartographiés de façon continue : les marqueurs somatiques (un ordinateur n'a pas de corps). Il s'agit de connexions établies entre certaines catégories d'objets ou d'événements et des états du corps plaisants ou déplaisants. Ces marqueurs procèdent de multiples expériences individuelles – du bébé à l'adulte – régulées par le système biologique d'homéostasie. En 2013, Damasio a publié de remarquables illustrations de cette « homéostasie intégrée » (maintien subtil de l'équilibre biologique à tous les niveaux, de la température du corps et de la concentration des substances… à la cognition de haut niveau) dans un article intitulé « The nature of feelings : Evolutionary and neurobiological origins[39] ». On y comprend dans les détails du corps humain (avec de multiples schémas anatomiques à l'appui) comment, des neurones individuels aux réseaux corticaux, s'opère l'ancrage profond de la cognition dans les sentiments, les émotions et la biologie. Autant de sources constantes et interreliées de régulation et d'*équilibre*. Le dualisme cartésien esprit/corps n'y a plus de place.

Au cours du développement cognitif et affectif de l'enfant, ces marqueurs deviennent de plus en plus nuancés et seraient stockés dans le cerveau sous la forme de « boucles de simulation » (les sentiments) qui permettent l'économie d'une référence directe aux états somatiques réels[40]. Ces marqueurs somatiques, porteurs de valeurs émotionnelles, sont intégrés au niveau du CPVM où ils fonctionnent comme une sorte de guide automatique – « l'esprit modulé par le corps » – qui oriente les choix de l'individu et donc son raisonnement. Ils agiraient de façon partiellement « cachée », c'est-à-dire sans que le sujet en ait nécessairement conscience, pour privilégier, par le biais des mécanismes d'attention, certains éléments par rapport à d'autres et pour commander les signaux de marche, arrêt, changement de direction, impliqués dans la prise de décision. C'est là que peuvent s'insérer les émotions trompeuses de Kahneman (aversions, heuristique de l'affect, etc.) mais, inversement, ce rôle de l'émotion peut aussi être positif (rééquilibrage), en faveur du système 2.

Nous avons ainsi démontré, avec mon équipe du CNRS, en imagerie cérébrale chez des individus sains (sans lésion cérébrale) soumis à une tâche de raisonnement logique, que le CPVM est activé lors de l'*inhibition* d'une stratégie erronée (c'est la commande d'arrêt du système 1) et de l'*activation* d'une stratégie adéquate (changement de direction et commande de marche du système 2 ; nous reviendrons sur cette expérience dans le prochain chapitre)[41].

Un besoin de conscience réflexive et de métacognition

Lorsque ces mécanismes d'attention sélective prennent le relais (contre le système 1) pour changer nettement de direction (le contrôle attentionnel), en corrigeant une erreur initiale de raisonnement, s'exerce alors la conscience dite « réflexive » : on est conscient de réfléchir sérieusement à la tâche, parfois difficile, à résoudre (déduction ou induction) et, outre l'effort cognitif, exécutif, préfrontal que cela exige, on peut même y éprouver du plaisir. C'est ce que Damasio appelle « le sentiment *même* de soi » (souligné par nous) lors d'un raisonnement et que Théodule Ribot, fondateur de la psychologie scientifique française, avait identifié dès 1896 comme le « sentiment intellectuel » (dans une typologie très complète des sentiments)[42].

Cette conscience du raisonnement en cours correspond à ce que John Flavell a défini comme une « *expérience* métacognitive » (des phénomènes comparables existent pour la métamémoire, le métalangage, la métacommunication, etc.), qu'il différenciait d'une simple métaconnaissance (connaissance à propos des variables de personnes, de tâches ou de stratégies susceptibles d'affecter la mémoire, le langage, la communication ou ici le raisonnement)[43]. Cette thématique de l'introspection, de la métacognition et des mécanismes de la connaissance de soi est redevenue à la mode aujourd'hui en psychologie cognitive[44], y compris pour les questions d'éducation et d'apprentissage[45].

On redécouvre ainsi l'importance de l'*expérience* réflexive, à la fois cognitive et affective, liée à la résolution d'un problème particulier : en l'occurrence, prendre conscience de sa propre erreur de raisonnement (issue du système 1) et comprendre, ou pour le moins ressentir, la nécessité de changer de stratégie (exploiter les ressources logiques du système 2). Ce *shifting*, c'est-à-dire cette flexibilité ou « changement d'aiguillage » (dans les circuits de l'intelligence) par inhibition et activation cérébrales (S1/S2), est du ressort du système 3 : *inhiber pour raisonner*, grâce aux fonctions exécutives du cortex préfrontal, partie du cerveau la plus développée chez l'homme par rapport aux autres primates, carnivores et rongeurs[46]. Le défi : résister aux biais, aux heuristiques (appariements, croyances, stéréotypes, cadrages, etc., du système 1) déclenchés par d'autres parties plus impulsives du cerveau. Kahneman a vu le héros du raisonnement et de la prise de décision dans le système 1. Je suggère plutôt que ce soit le système 3 inhibiteur le réel héros de l'histoire, celui de la *résistance* cognitive. À l'évidence, cette capacité de résistance éclairée, nuancée, fait défaut aux ordinateurs et à l'IA d'aujourd'hui.

Dans le chapitre suivant, nous allons découvrir les détails de ce processus d'inhibition et du rôle de S3, entre intuitions (S1) et logique (S2), mais la référence à Damasio nous a déjà permis ici de bien comprendre, à ce stade, comment l'inhibition positive, constructive, facteur d'intelligence (arrêt de S1 pour libérer S2), peut être orientée par les circuits émotionnels du cerveau. C'est une autre façon que ne l'a fait Piaget d'établir un lien profond, somatique (homéostasie, régulation et guidage) avec la biologie. Cela nous fait entrevoir aussi à quel point *l'intelligence (humaine) n'est pas seulement un algorithme (système 2).*

CHAPITRE 6

Une nouvelle théorie de l'intelligence : systèmes 1, 2 et 3

Le besoin de conscience réflexive et de métacognition renvoie à une insatisfaction à l'égard des algorithmes logiques : en dépit de leur très sérieuse réputation de rationalité (d'Aristote et Descartes à Piaget), ils sont trop vulnérables, court-circuités, au moindre déclencheur contextuel, par des heuristiques perceptives ou sémantiques qui dominent la pensée et les décisions. *Ce ne peut donc être cela l'intelligence.*

Selon Piaget, le seul système des algorithmes logiques (système 2) caractérise l'intelligence humaine, forme optimale de l'adaptation biologique au cours du développement de l'enfant et de l'adolescent. *Mais l'adaptation n'est pas au rendez-vous !* Les algorithmes logiques sont incapables de *résister* par eux-mêmes aux heuristiques dominantes (système 1), erronées et suractivées en mémoire de travail – et cela toute la vie, y compris chez les adultes supposés être logiques automatiquement (stade IV de Piaget). L'aptitude de résistance et d'inhibition (système 3), plus subtile et psychologique que les algorithmes de la seule et « froide » logique, relève – comme nous allons l'explorer – des fonctions exécutives du cortex préfrontal, en lien avec les émotions et l'autoévaluation. Celles d'*un cerveau fin stratège.*

On le (re)découvre aujourd'hui (avec Evans, Kahneman) en sciences cognitives expérimentales, face aux bugs et aux biais humains ou à ceux, souvent corrélatifs, de l'informatique et de l'IA contemporaines. Mais ce n'est pas une réflexion nouvelle. Quelques grands philosophes ont toujours éprouvé ce sentiment d'insatisfaction à l'égard de la raison logique ou algorithmique[1]. C'est déjà le cas de Platon dans l'Antiquité grecque, avec son *Homo triplex*, où le système 3 est la volonté, le courage et l'ardeur, moteur de l'intelligence humaine pour aider la raison (système 2) face au désir (système 1). La raison par elle-même ne suffit donc pas selon Platon. Ou encore Montaigne, à la Renaissance : on ne peut justifier le raisonnement logique par lui-même (Montaigne pense aux syllogismes d'Aristote), il faut autre chose, du contrôle de l'esprit (système 3) ! Le grand Pascal, aussi, a bien pressenti que l'esprit de géométrie de Descartes, certes légitime pour la science (la logique ou les algorithmes de la *Méthode*), ne suffit pas à percer le secret de l'intelligence humaine, trop exposée qu'elle est à la persuasion, à l'agrément et aux « puissances trompeuses ».

C'est sans doute un tel sentiment d'insatisfaction qu'éprouve aussi Kahneman après avoir observé scientifiquement que le système 1 (les heuritiques) est, malgré nous, le héros – selon son terme – qui domine les algorithmes logiques du système 2 (ceux d'Aristote, Descartes et Piaget), mais ne rend pas, pour autant, les humains plus intelligents, *bien au contraire* ! À la fin de son monumental ouvrage, Kahneman pose ainsi une question essentielle pour l'éducation : « Que peut-on faire pour éviter les biais [système 1] ? Comment améliorer les jugements et les décisions, tant les nôtres que ceux des institutions que nous servons et qui nous servent ? » Il répond : « D'expérience, je sais que le système 1 n'est pas facile à éduquer[2]. » Il est pessimiste – trop selon moi.

Comment corriger les biais cognitifs ?

Peut-on débiaiser le raisonnement ? Il y a vingt-cinq ans, Evans, codécouvreur, avec Kahneman et Tversky, de nombreux biais cognitifs (biais d'appariement, de croyance, etc.), répond par la négative. Le *debiasing*, ou correction (suppression) des biais, est selon lui quasiment impossible en raison de la puissance perceptive et/ou cognitive des heuristiques automatiques : « Au total, écrit Evans en 1989, il y a vraiment très peu de preuves montrant que les biais de raisonnement déductif peuvent être supprimés sous l'effet d'instructions verbales à propos des principes logiques sous-jacents[3]. »

Ce qu'écrit Evans est exact. Face à la puissance des biais du système 1 (les « puissances trompeuses » de Pascal), système 1 qui est non seulement intuitif mais *très rapide* – donc toujours activé par notre cerveau *en premier* dans la séquence du raisonnement –, l'instruction purement logique même intense, c'est-à-dire l'exercice du système 2, ne suffit pas. Le combat intuition/logique est inégal et le fulgurant, foudroyant système 1 est systématiquement le vainqueur. Lorsque les gens se trompent (cèdent naturellement au système 1), ils peuvent même en avoir partiellement conscience (ils doutent) *via* une région de leur cerveau appelée le cortex cingulaire antérieur (CCA) sur la face interne du cortex préfrontal, ainsi que le montrent très bien aujourd'hui les travaux expérimentaux de Wim De Neys[4]. Ce n'est donc pas nécessairement la logique en tant que telle qui leur fait défaut (au sens où elle ne serait pas stockée en mémoire) ; elle peut simplement (sans problème de stockage) être court-circuitée.

Ce dernier point est important : c'est l'hypothèse de la « présomption de rationalité » (présomption de système 2) que j'ai formulée pour la première fois en 1995[5] après la lecture des travaux du philosophe Pascal Engel : *La Norme du vrai*[6]. L'idée est qu'un adulte comme un enfant peut se tromper dans une tâche de logique (celles de Piaget, d'Evans ou de Kahneman et Tversky), tout en étant potentiellement logique (en psychologie du développement, cela remet en cause l'interprétation des stades de Piaget et les « faux-négatifs » qui y sont associés)[7]. Ce qui fait souvent défaut en cas d'erreur de raisonnement logique est dès lors la capacité préfrontale d'inhibition (système 3) d'un circuit direct de réponse (système 1) automatiquement déclenché par des parties plus impulsives de notre mémoire et de notre cerveau.

Dès l'introduction en 1996 par Evans et Over de la distinction entre deux formes de rationalité, R1 et R2 (devenue ensuite la théorie du « double processus[8] » ou systèmes 1 et 2), j'ai ainsi posé le principe cognitif d'un nécessaire système 3 de contrôle inhibiteur[9]. Cette idée a ensuite été reprise par Evans en 2003[10] et, depuis, par un certain nombre d'auteurs du domaine dont De Neys, qui a mis au point d'ingénieuses situations expérimentales avec ou sans conflits biais/logique (mesure du doute lors des réponses biaisées) pour aider à distinguer, chez les enfants comme chez les adultes, le défaut de logique (stockage de règles en mémoire : syllogisme, « si-alors », etc.) par rapport au défaut de détection de conflits S1/S2 et d'inhibition de S1. Le doute cartésien, finement mesuré, revient ainsi au centre des préoccupations expérimentales, le *cogito* est indemne, et l'existence des biais de raisonnement ne signifie pas nécessairement une « irrationalité humaine » qui serait ontologique – « dans l'être[11] ».

Selon cette conception de l'inhibition comme facteur positif de raisonnement, la solution à la correction des biais – problème critique d'éducation soulevé par Kahneman – consiste à apprendre à utiliser des circuits indirects, des chemins alternatifs dans le cerveau : c'est la vicariance cognitive[12]. Et ce processus délicat, coûteux (au sens de l'effort cognitif), peut faire l'objet d'interventions pédagogiques ciblées, tant chez les enfants que chez les adultes[13].

Dans le cadre d'un système de développement dynamique et non linéaire des stratégies cognitives – tel que l'a modélisé Robert Siegler[14] pour lever les contradictions de la théorie incrémentale (« en escalier ») des stades de Piaget, j'ai proposé que le système 3 inhibiteur, vicariant, de nature métacognitive et autoévaluative, soit celui qui arbitre entre les stratégies heuristiques (système 1, Kahneman) et les stratégies algorithmiques (système 2, Piaget)[15]. Le défi essentiel du développement cognitif de l'enfant (déjà chez le bébé) est d'apprendre à inhiber[16] ! Cela ne va pas de soi, car, contrairement à ce que croyait Piaget, connaître les règles ou algorithmes logiques ne suffit pas, n'y aide pas, lorsque des heuristiques hyperpuissantes, *via* d'autres mécanismes, d'autres ressorts psychologiques (des associations fortes selon Hume, Condillac et Kahneman), surgissent, suractivées par le matériel expérimental ou la situation quotidienne – d'où les décalages de performance qui gênaient tant Piaget. Il faut alors déployer la capacité inhibitrice du cerveau, au cœur de ses neurones, pour y résister. La clé, c'est l'inhibition, libératrice des biais, créatrice de solutions logiques (voir figure 1 dans le chapitre 1).

L'inhibition, un processus clé du fonctionnement neuronal

Avant de poursuivre à propos de l'inhibition cognitive des biais et heuristiques de raisonnement, arrêtons-nous un instant sur la notion générale d'inhibition dans le cerveau. Comme le rappelle Changeux dans « Apprendre avec ses neurones[17] », les neurones inhibiteurs équilibrent très largement par leur nombre et leur importance physique les neurones excitateurs dont on pense souvent, à tort, qu'ils sont dominants dans le cerveau. La biologie moléculaire révèle que, traversant de part en part la membrane des neurones, des macromolécules appelées « protéines-canaux » interviennent, qui s'ouvrent ou se ferment et créent de ce fait des courants électriques excitateurs ou inhibiteurs à l'origine du départ (activation) ou du blocage (inhibition) du signal nerveux, *via* les synapses. L'intervention chimique des neurotransmetteurs y est importante selon qu'ils sont excitateurs (glutamate, acétylcholine) avec l'ouverture de canaux cationiques (sodium-potassium, Na^+-K^+) ou inhibiteurs (glycine, GABA ou acide gamma-aminobutyrique) avec l'ouverture de canaux anioniques (chlore). Au niveau microscopique, l'inhibition joue donc, à l'évidence, un rôle régulateur essentiel à travers le million de milliards de connexions neuronales ou synapses activatrices/inhibitrices distribuées sur l'ensemble des circuits du cerveau. Intrinsèquement ces jeux d'activation et d'inhibition, spontanés ou en réaction à une stimulation extérieure, interviennent à tous les niveaux d'organisation macroscopique de la connectivité cérébrale : autant pour des réseaux heuristiques (système 1) qu'algorithmiques (système 2). Mais ce qu'il est important de bien comprendre ici est que *c'est grâce au formidable levier physicochimique de ces mécanismes inhibiteurs microscopiques* qu'il est possible que ce potentiel neuronal d'inhibition soit aiguillé, dirigé, renforcé, « éduqué » *via* une *stratégie métacognitive* de contrôle et d'arbitrage du cortex préfrontal (système 3). Le cerveau pourra alors les déployer, *en conscience*[18], au service de l'intelligence. Selon le but de la tâche, c'est-à-dire de façon *top-down,* cette « inhibition exécutive » freinera, le cas échéant, un groupe entier de neurones, où que ce soit dans le cerveau, lorsqu'il correspond à une stratégie heuristique erronée (système 1). Comme l'écrit fort justement Berthoz dans *La Décision*, « le cerveau est un cheval fougueux que l'inhibition contrôle de ses rênes. C'est le cas du cervelet [à la base du cerveau], dont tous les neurones de sortie sont inhibiteurs (les belles cellules de Purkinje !), du cortex frontal et préfrontal, des ganglions de la base, du striatum, etc.[19] ».

Dès le XIXe siècle, la notion d'inhibition avait été introduite en neurophysiologie par Charles Sherrington[20], découvreur de la synapse et prix Nobel de physiologie ou médecine 1932, mais étonnamment ignorée, du point de vue cognitif et comportemental, par le jeune Piaget, alors que d'autres grands psychologues de l'époque en avaient bien vu l'intérêt (Ivan Pavlov, pour le conditionnement animal, et Sigmund Freud pour la psychopathologie) – Binet aussi pour l'intelligence et l'adaptation attentionnelle (voir chapitre 3). L'inhibition devait être, à tort, dans l'esprit de Piaget, trop négative (signifiant répression, opposé de la liberté) pour sa théorie constructiviste du développement de l'intelligence de l'enfant. Cette incompréhension – ne pas avoir vu une *force créatrice* dans l'inhibition – est certainement la plus importante lacune de Piaget.

Depuis une trentaine d'années maintenant, l'inhibition est (re)considérée en sciences cognitives comme une forme clé du contrôle interne superviseur, attentionnel, sélectif et métacognitif, qui permet à notre cerveau de résister aux habitudes ou automatismes ancrés dans ses neurones, aux tentations, distractions ou interférences[21]. La capacité d'inhibition contrôlée, exécutive, dépend du cortex préfrontal, en particulier le gyrus frontal inférieur (GFI) droit (ou cortex orbitofrontal selon les appellations) et l'insula antérieure, juste voisine. Si cet épicentre cérébral de l'inhibition fait consensus dans les méta-analyses d'imagerie cérébrale – celles d'Adam Aron et de son équipe notamment[22] –, il faut toutefois considérer son action sur l'ensemble du cortex, dans le cadre d'un espace neuronal de travail global, comme l'a proposé Changeux[23]. Selon cette approche, les neurones actifs du cortex préfrontal propagent leurs messages au reste du cerveau en envoyant des potentiels d'action *via* des axones

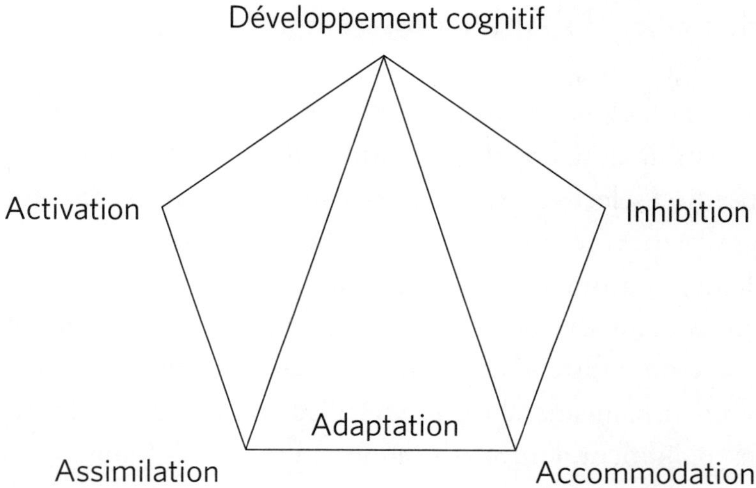

Figure 14. La dynamique d'adaptation dans le développement cognitif de l'enfant : l'assimilation/accommodation (reprise de Piaget), complétée et renforcée aujourd'hui par l'inhibition cognitive (pôle accommodateur), antagoniste de l'activation (pôle assimilateur) (d'après Houdé, 2011).

longs. En de nombreux endroits, ces signaux contactent des neurones inhibiteurs afin de « faire taire » des groupes entiers de neurones, selon les mécanismes microscopiques et physicochimiques décrits plus haut. Une idée consciente ou une stratégie cognitive (par exemple un algorithme logique du système 2) est ainsi codée par de petites assemblées neuronales actives, entourées de vastes populations de neurones inhibés (celles, par exemple, des stratégies heuristiques erronées du système 1). Pour le contrôle moteur, le rôle des noyaux gris centraux est aussi démontré[24]. L'ensemble du cerveau fonctionne ainsi sur un double mode d'activation et d'inhibition, processus régulateurs, adaptatifs plus précis neurobiologiquement et moins lâches que la simple dichotomie d'assimilation et accommodation jadis proposée par Piaget.

En psychologie cognitive, l'inhibition a été initialement étudiée dans le domaine de l'attention sélective[25]. Classiquement, l'attention sélective a d'abord été considérée comme une fonction d'activation. De ce point de vue, après un traitement initialement automatique d'une scène perceptive, l'information pertinente est sélectionnée (précocement ou tardivement selon la place du « filtre sélectif » dans la séquence des traitements) par un mécanisme attentionnel d'activation, de facilitation. Dès ce moment, l'information non pertinente à ignorer se dissipe passivement dans le temps. Par rapport à cette conception classique, une analyse alternative s'est ensuite imposée : celle de l'attention-*inhibition*. Selon cette analyse, le mécanisme essentiel de la sélection attentionnelle est l'inhibition, ou blocage actif, de l'information non pertinente. Dans ce cas, le traitement cognitif de l'information pertinente, ultérieur à la sélection, ne s'opère pas en raison d'une activation-facilitation spécifique, mais du fait qu'il n'y a plus d'interférence avec l'information non pertinente inhibée.

La question est de savoir comment distinguer ces deux modalités possibles de sélection attentionnelle. Le paradigme mis au point dans ce cadre, par le psychologue expérimentaliste Tipper, déjà cité, est celui de l'amorçage négatif (*negative priming* en anglais)[26]. Soit une situation où l'individu de l'expérience doit dans une première phase (a) répondre en fonction d'un stimulus pertinent en ignorant un stimulus non pertinent. Supposons, dans une seconde phase (b), que l'individu, sans qu'il s'y attende, doive répondre en fonction du stimulus initialement non pertinent, devenu pertinent par construction de la tâche, ou, dans une autre condition (contrôle), en fonction d'un nouveau stimulus. Selon la conception de l'attention par *activation*, lors de la première phase de la procédure (a), le stimulus non pertinent doit se dissiper passivement (car de moins en moins activé) dans le temps. Si son effet n'est pas encore complètement dissipé en mémoire lors de la seconde phase de la procédure (b), alors le traitement de ce stimulus doit être facilité par rapport à celui de la condition contrôle (un nouveau stimulus non précédemment traité) : c'est l'amorçage positif (*priming effect*), généralement mesuré en chronométrie mentale par une réduction du temps de réaction. Toujours selon la même conception, si l'effet initial du stimulus non pertinent est totalement dissipé en mémoire lorsqu'on passe à la seconde phase de la procédure, alors son traitement ne doit pas différer de celui du nouveau stimulus dans la situation contrôle.

L'autre point de vue, celui de l'attention par *inhibition*, conduit à une prédiction expérimentale inverse. Dans ce cas, le stimulus non pertinent étant initialement inhibé, c'est-à-dire activement bloqué, son effet ne subsiste aucunement en mémoire. Dès lors, en raison de son inhibition préalable, il doit être plus difficile à traiter, à réactiver (temps plus long) en phase b que le nouveau stimulus de la situation contrôle : c'est l'amorçage négatif (*negative priming*).

Sous l'impulsion de Tipper, de très nombreux travaux de psychologie cognitive ont confirmé l'existence, chez l'adulte, de ce phénomène d'amorçage négatif dans des situations variées : tâches d'identification (dénomination d'images, de mots, identification de lettres), tâches de catégorisation (catégorisation sémantique, décision lexicale), tâches d'appariement

(appariement de lettres, de formes), tâches de comptage, de localisation spatiale, etc.[27]. Initialement appliqué à des stimulus à inhiber ou à activer, ce paradigme expérimental a ensuite été développé et enrichi par mon laboratoire du CNRS pour tester l'inhibition cognitive de stratégies de résolution de problèmes (heuristiques *versus* algorithmes) en mémoire de travail, c'est-à-dire l'inhibition comme fonction exécutive, lors de multiples tâches logico-mathématiques et scolaires[28]. Cet effet se mesure le plus souvent à travers les temps de réaction, en dizaines ou centaines de millisecondes, mais peut aussi se calculer sur le nombre d'erreurs commises par l'individu de l'expérience (qui s'accroît avec l'amorçage négatif).

Le rôle central de l'inhibition a ainsi pu être établi et généralisé dans de nombreuses tâches qui ont en commun la difficulté de devoir résister à des automatismes, distractions ou interférences. Mais existe-t-il un mécanisme unique d'inhibition ou plusieurs ? Le psychologue Frank Dempster a subdivisé les processus inhibiteurs selon les dimensions de l'interférence à laquelle il faut résister : la source (interne ou externe), la direction proactive, rétroactive ou active (en avant, en arrière ou simultanée) et la forme psychologique (motrice, perceptive, verbale)[29]. Le psychologue et neuroscientifique Michael Posner, par exemple, a découvert une forme d'inhibition dite « de retour » dans l'orientation attentionnelle[30]. Il s'agit d'un temps supplémentaire que nous mettons à retourner (rediriger le regard) vers un endroit de l'espace précédemment inhibé en raison de l'absence trop longue de l'apparition d'une cible. Cette forme d'inhibition encourage et facilite, par la sélection qu'elle opère, l'exploration visuelle des nouveautés dans l'environnement. La psychologue Lynn

Hasher a, quant à elle, spécifié le rôle de l'inhibition dans l'optimisation de la mémoire de travail : contrôler l'information spécifique qui y entre, mais aussi celle qui est supprimée et les réponses possibles mais non correctes qui viennent à l'esprit (ce qui rejoint notre problématique de choix de stratégies cognitives)[31]. De façon voisine, les psychologues Adele Diamond et Akira Miyake ont situé le rôle de l'inhibition dans le cadre des fonctions exécutives : la mise à jour en mémoire de travail, la flexibilité cognitive (ou *switching* en anglais) et l'inhibition des informations non pertinentes et des réponses dominantes[32]. L'inhibition peut donc prendre des formes plurielles et se révèle importante à considérer tant pour l'attention et la mémoire que pour l'action conjointe des fonctions exécutives. Le dénominateur commun de ces définitions est toujours de bloquer un stimulus, une stratégie ou une réponse non pertinents.

Mais le contrôle inhibiteur est-il nécessairement conscient ? Non ! Le psychologue expérimentaliste Simon Van Gaal a démontré qu'un signal « stop » présenté en dessous du seuil de perception consciente, soit un ordre subliminal, déclenche ensuite, à une étape consciente, l'exécution d'une inhibition motrice dans notre cerveau, *via* l'insula antérieure (épicentre de l'inhibition) et l'aire motrice présupplémentaire[33]. Il existe donc un déclenchement non conscient du contrôle de l'action. Avec Adriano Linzarini et Grégoire Borst au laboratoire, nous avons même démontré qu'un contrôle inhibiteur complet (ordre et exécution subliminaux) peut se dérouler en dessous du seuil de la conscience[34] ! Cela laisse entrevoir que même si l'inhibition contrôlée est le plus souvent consciente, réflexive, métacognitive (on fait attention, on contrôle ses pensées et ses actions), elle pourrait *par la pédagogie et un apprentissage intense* devenir inconsciente, voire aussi rapide que les heuristiques du système 1 de Kahneman. C'est un réel espoir scientifique et éducatif. Mais il faut d'abord déjà comprendre comment un apprentissage explicite, conscient, de l'inhibition cognitive peut se réaliser.

Une pédagogie de la vicariance : inhiber le système 1 pour activer le système 2

Afin de rétablir l'*équilibre* (en reprenant ici l'idée d'homéostasie de Damasio) entre le système 1, très dominant (Kahneman), et le système 2 en retrait (Piaget), il faut obligatoirement une forme de tendance contraire forte, une résistance psychologique pour : 1) arrêter, au cas par cas (souvent ce n'est pas nécessaire), le système 1 préactivé automatiquement (inhibition des biais, heuristiques, etc.) ; et 2) mettre en marche par une nouvelle activation, intentionnelle cette fois, le système 2 plus réfléchi (règles ou algorithmes logiques).

Dès lors, par rapport à la question de l'éducation et de la correction des biais, si l'on veut une pédagogie du raisonnement qui soit efficace et adaptée, tant chez les enfants que chez les adultes, il faut exercer, entraîner autre chose que la seule logique (ou instruction-répétition des règles du système 2. La pédagogie doit viser le système 3 dans son rôle dit « exécutif ». Les fonctions exécutives du cerveau, associées à la métacognition, sont très étudiées depuis deux décennies en psychologie expérimentale et en neurosciences cognitives de l'éducation[35]. Il s'agit ici du contrôle de l'*exécution* des conduites de raisonnement, de jugement, de décision : le choix de stratégies, arrêt/marche. Ce contrôle exécutif, assuré par le cortex préfrontal[36], est un opérateur subtil de détour cognitif, de vicariance, qui lui seul peut permettre – s'il est bien exercé – la flexibilité (ou *shifting*), d'un mode de raisonnement à un autre : du système 1 au système 2.

En 2000, avec mon laboratoire, nous avons publié la première démonstration expérimentale de ce *shifting* du système 1 au système 2 dans le cerveau de jeunes adultes, grâce aux techniques d'imagerie cérébrale (alors nouvelles) appliquées à la correction et suppression par inhibition du biais d'appariement d'Evans (l'exemple du carré rouge et du cercle jaune décrit au chapitre précédent)[37]. Avec ce résultat, il était devenu possible de concevoir théoriquement, en relation avec les règles mêmes d'apprentissage du cerveau humain, un système 3 (exécutif) susceptible de contrôler, au cas par cas, les rapports de compétition entre le système 1 et le système 2. Je précise bien, ici comme ailleurs dans le livre, « au cas par cas », car parfois ce n'est pas nécessaire, lorsque les intuitions du système 1 sont pertinentes et efficaces. C'est l'acception positive du terme heuristique ; dans ce cas, il n'y a rien à inhiber activement.

Avant de décrire plus en détail cette expérience princeps d'imagerie cérébrale et le rôle du cortex préfrontal, il est important de l'inscrire, ainsi que la question des stratégies cognitives, dans la problématique générale de la *compétition* entre réseaux de neurones en biologie (on a déjà commencé de le faire avec la théorie de Damasio et dans le point précédent sur l'inhibition neuronale), c'est-à-dire comme un véritable phénomène de *variation* et de *sélection* au sens de Darwin. C'est ici la contribution du modèle neurobiologique contemporain du « darwinisme neuronal-mental » de Changeux dont on va voir qu'il s'applique spécifiquement à la question de « l'entendement » et du raisonnement (on se rappelle Kant au siècle des Lumières : « Aie le courage de te servir de ton propre entendement »).

Le darwinime neuronal de Changeux : variation-sélection, entendement et raison

Comment réaliser, ainsi que le préconisait Piaget dans son cercle des sciences (et comme le fait aujourd'hui Damasio *via* le corps et l'émotion), l'articulation entre le niveau biologique et le niveau psychologique, c'est-à-dire ici entre les gènes, l'épigenèse neuronale et la cognition ou l'intelligence ? C'est le défi relevé par le modèle actuel du darwinisme « neuronal-mental » (ou « neurocognitif »). Ce modèle est défendu en France par Changeux et l'a été aux États-Unis par Edelman.

Il s'agit d'un développement de la pensée évolutionniste de Darwin en neurosciences et en psychologie cognitive à propos de questions fondamentales comme la construction des objets logico-mathématiques, le plaisir esthétique, les règles morales, la recherche de la vérité et la conscience[38]. Le modèle de Changeux part du constat de l'existence de multiples niveaux d'organisation dans le système nerveux : le niveau moléculaire et cellulaire, le niveau des arcs réflexes et des circuits locaux, le niveau des assemblées (ou réseaux) de neurones, dit de l'« entendement », et enfin celui des enchaînements d'assemblées de neurones, le *raisonnement* (exercice maîtrisé de l'entendement, l'intelligence) où s'orchestre le flux des objets mentaux. Dans le cadre de cette architecture neuronale, allant des aspects moléculaires et cellulaires aux objets mentaux, toute fonction, y compris cognitive, est assignée à un niveau d'organisation donné sans être en aucune façon autonome. Elle obéit aux lois du niveau juste inférieur, mais présente aussi une dépendance marquée vis-à-vis des niveaux supérieurs.

Pour rendre compte de cette double dépendance, Changeux propose un schéma darwinien de variation-sélection généralisé. Ce schéma comporte deux composantes : un générateur de diversité (variation) et un système de sélection, c'est-à-dire de test. Aux niveaux les plus élaborés, l'entendement et le raisonnement, la dynamique de ce schéma est la suivante : a) le générateur de diversité produit dans le cerveau l'activation spontanée et transitoire (dominée ici par le système 1 si l'on se réfère à Kahneman) d'assemblées de neurones ou « préreprésentations » ; b) le système de sélection procède ensuite à une activité de test qui anticipe l'interaction avec l'environnement. Deux cas de figure sont alors possibles : soit il y a « résonance » (intuitive ou réfléchie) entre l'état interne du système neuronal-mental et l'état externe, soit il n'y a pas résonance, celle-ci étant fonction de la valeur adaptative des assemblées de neurones générées. Dans le premier cas (résonance), il y a stabilisation et stockage en mémoire ; dans le second cas (non-résonance), aucune mise en mémoire n'a lieu. Tout porte à croire que c'est ainsi que sont sélectionnées dans notre cerveau les stratégies de raisonnement heuristiques ou logiques, au cas par cas, en mémoire de travail (en cours de tâche)[39] et que se construisent ensuite, par stabilisation à plus long terme, les systèmes 1 et 2... Qui eux-mêmes, plus ou moins stabilisés, dominants ou contrôlés selon l'âge et les situations, vont participer aux nouvelles sélections cognitives.

On sait que le schéma de variation-sélection est classique dans le cas de l'évolution des espèces et qu'il est aussi mis en évidence dans le développement de la réponse immunologique, dans le passage du niveau cellulaire aux organismes multicellulaires, ainsi que dans la morphogenèse générale du cerveau. Mais Changeux va plus loin : il généralise le schéma darwinien à l'interaction entre le système nerveux et le monde extérieur durant le développement postnatal, du bébé à l'adulte, lors de l'acquisition des fonctions cognitives supérieures comme le raisonnement. L'évolution se réalise toutefois ici à l'intérieur du cerveau *sans changement nécessaire du matériel génétique* – contrairement à ce que croyait Piaget[40] – et dans les limites d'échelles temporelles courtes : des mois, des jours, des heures, des minutes, jusqu'à des dixièmes de seconde, pour la réorganisation des stratégies cognitives. Dans cette évolution, l'autoévaluation joue un rôle important ; elle est informée par des systèmes complexes de récompenses.

Ce modèle présente l'originalité d'emboîter deux échelles de temps, la phylogenèse (évolution des espèces avec Darwin au XIXe siècle) et l'ontogenèse (Piaget et Changeux au XXe siècle), c'est-à-dire le développement neurocognitif du bébé à l'adulte, en postulant l'existence d'un mécanisme commun de variation-sélection. Changeux souligne l'implication du cortex préfrontal, siège de la pensée, de l'abstraction, et du système limbique, siège des émotions (Damasio), dans le fonctionnement de ce mécanisme.

Dans son livre *L'Homme de vérité* paru vingt ans après son célèbre *Homme neuronal*, Changeux donne en exemple notre expérience de 2000 sur l'observation en imagerie cérébrale de la variation-sélection (*shifting*) de stratégies de raisonnement (biais d'appariement *versus* logique) dans le cerveau adulte. Changeux remarque qu'on observe ainsi le changement brutal qui se produit au niveau neuronal lorsque, au cours d'une même tâche, on passe en quelques minutes, par variation-sélection, d'un mode perceptif facile, mais souvent erroné (le système 1 de Kahneman), à un mode logique difficile et plus critique (système 2). Lors de ce passage à des opérations de pensée logique, c'est-à-dire lors de l'inhibition du mode perceptif pour accéder à la « vérité logique » de la tâche (son algorithme), on observe un basculement très net d'une distribution d'assemblées de neurones située à l'arrière du cerveau à une distribution située à l'avant, dans le cortex préfrontal. La nouvelle distribution neuronale inclut notamment une région paralimbique de l'hémisphère droit dédiée aux émotions et à la peur de l'erreur. Nous y reviendrons plus loin.

Par rapport à l'architecture neuronale de Changeux, ce résultat d'imagerie cérébrale illustre bien le dernier niveau, celui de l'enchaînement des assemblées de neurones, c'est-à-dire notre capacité à raisonner. Selon Changeux, « toute théorie sérieuse de la conscience devrait se donner pour tâche d'expliquer l'orchestration de ce flux cohérent d'objets mentaux qui donne accès à la validation rationnelle d'une proposition (la logique), à cette vérité formelle qui, pour Kant, se trouve dans l'accord de la connaissance avec elle-même[41] ». C'est le système 2 de Piaget, libéré du système 1 (biais) par le contrôle inhibiteur du système 3 (cortex préfrontal). Voyons à présent dans le détail expérimental comment a été rendue possible une telle observation.

Imagerie cérébrale de l'inhibition d'un biais cognitif

Reprenons l'exemple du biais d'appariement perceptif. Pour rappel, si l'on demande aux gens de rendre fausse la règle « S'il n'y a pas de carré rouge à gauche, alors il y a un cercle jaune à droite », ils répondent très souvent : un carré rouge à gauche et un cercle jaune à droite[42]. C'est un puissant biais (une heuristique) d'appariement perceptif, car la réponse logique – très rare spontanément – est, par exemple : un carré vert à gauche et un losange bleu à droite (c'est-à-dire l'algorithme Antécédent Vrai, pas de carré rouge, Conséquent Faux, pas de cercle jaune : VF dans la table de vérité logique appliquée à la règle « si-alors »). Comment corriger ce biais (débiaiser) ? La méthode idéale est ici l'apprentissage expérimental, c'est-à-dire une sorte de « pédagogie de laboratoire » : apprendre au cerveau à corriger ses erreurs.

Mon hypothèse de travail a été que la difficulté tient à ce que deux stratégies de raisonnement entrent en compétition et se télescopent dans le cerveau, en mémoire de travail : l'une perceptive (système 1), l'autre logique (système 2). Face à cette compétition cognitive, tout semble indiquer que l'adolescent ou l'adulte échoue à inhiber la stratégie perceptive dominante, sans qu'il s'agisse pour autant d'un problème de logique mentale en tant que tel (c'est la « présomption de rationalité »). Pour le démontrer, avec mon équipe, nous avons tout d'abord testé, par des études de psychologie expérimentale, l'efficacité de différentes conditions d'apprentissage : 1) l'inhibition de la stratégie d'appariement (alertes sur le risque d'erreur et la nature du piège perceptif à éviter ; action d'inhiber avec un dispositif pédagogique d'« attrape-piège » dans lequel glisser la réponse heuristique erronée sous une zone hachurée) ; 2) l'explication logique (instructions verbales *strictement* à propos du principe logique ou de l'algorithme de la table de vérité : VF et « si-alors ») ; et 3) la simple répétition de la tâche (ce dernier type d'apprentissage étant un contrôle qui correspond aux effets de la pratique)[43]. Seul l'apprentissage de l'inhibition s'est révélé efficace : le taux de réussite, initialement inférieur à 10 % dans la tâche, est devenu supérieur à 90 %. Cela indique que c'est bien ce mécanisme exécutif de blocage (l'intervention du système 3) qui faisait défaut aux individus interrogés et non pas l'algorithme logique en tant que tel (système 2, même si, dans certains cas, une explication logique peut aussi être utile) ou la pratique. Dans ces deux dernières conditions, le taux d'erreur est resté comparable au niveau initial (pour bien comprendre, vous devez savoir que, comme on le fait toujours dans ce type d'expérience « métacognitive », les apprentissages eux-mêmes ne portent pas sur la tâche de test, mais sur une autre tâche analogue, avec un autre matériel – dans ce cas,

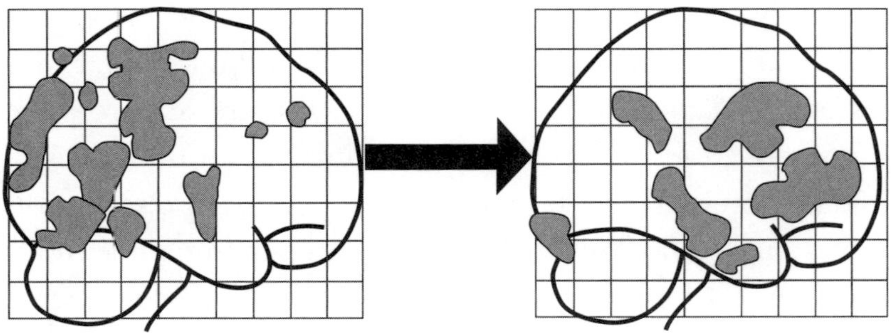

Figure 15. Imagerie cérébrale du passage d'une heuristique perceptive (à gauche) à un algorithme logique exact (à droite) après un apprentissage expérimental de l'inhibition cognitive (système 3) lors d'une tâche de raisonnement (d'après Houdé *et al.*, 2000).

des lettres et des chiffres au lieu de formes colorées – relevant de la même logique et déclenchant le même type de biais perceptif[44]). Nous verrons plus loin pourquoi la seule explication logique est insuffisante.

Nous avons alors repris exactement la même expérience en imagerie cérébrale, c'est-à-dire en réalisant une reconstruction tridimensionnelle sur ordinateur des images numériques reliées à l'activité des neurones en tout point du cerveau[45], afin d'observer ce qui se passait chez les individus *avant* et *après* l'apprentissage de l'inhibition de la stratégie perceptive (entraînement du système 3), c'est-à-dire avant et après la correction de l'erreur de raisonnement : *shifting* ou vicariance S1/S2. Les participants étaient donc introduits deux fois dans la caméra d'imagerie cérébrale (en pré- et post-tests), l'apprentissage étant réalisé hors caméra. Les résultats ont montré une très nette reconfiguration – ou plasticité – des réseaux cérébraux, de la partie postérieure du cerveau à sa

Figure 16. Le psychologue soviétique Lev Vygotski (1896-1934), auteur d'une théorie du développement de l'enfant fondée sur le rôle clé des interactions sociales et du langage régulateur.

partie antérieure, préfrontale[46]. De façon paramétrique, il a ensuite été remarquablement démontré – lors d'une réplication de notre étude expérimentale par d'autres chercheurs – que plus la règle logique exigeait d'inhiber le biais perceptif (l'heuristique), plus l'activation préfrontale était grande[47].

Lors de cette situation d'apprentissage de l'inhibition, nous étions, entre les deux imageries cérébrales des pré- et post-tests, exactement dans ce que le psychologue soviétique du développement social Lev Vygotski appelait une « zone proximale de développement », c'est-à-dire une situation correspondant à ce que l'élève est capable de faire avec l'aide d'un adulte à un certain moment et sera capable (ou non) de réaliser seul ensuite (le post-test)[48]. De surcroît, c'est aussi le langage régulateur qui intéressait Vygotski, source d'un meilleur contrôle intériorisé – tel ici le contrôle inhibiteur.

Il ne suffit donc pas d'avoir atteint, à l'adolescence, le stade des opérations logiques formelles de Piaget (la dernière marche de l'escalier du système 2) pour être « préfrontal » et logique. Si la logique est bien, comme le pensait Piaget, une forme d'adaptation biologique, on constate toutefois : a) que dans le cerveau en action, à tout moment, y compris chez l'adulte, plusieurs stratégies de raisonnement peuvent se télescoper, entrer en compétition, les réponses perceptives (biais ou heuristiques) prenant alors souvent le pas sur les réponses logiques (le constat de Kahneman sur la dominance du système 1), et b) que c'est l'inhibition cognitive, déclenchée ici par un apprentissage expérimental (système 3), qui se révèle être la clé de l'accès à l'algorithme logique (système 2). Cette expérience illustre donc de façon dynamique (compétition/sélection) comment peut se mettre en place un processus d'abstraction, *de la perception à la logique*, dans le cerveau. Elle illustre aussi le rôle de l'intervention pédagogique, de nature conjointement sociale et cérébrale.

Émotions et sentiments pour inhiber

Dans une autre expérience d'imagerie cérébrale, nous avons ensuite comparé l'impact neuronal différencié de l'apprentissage de l'inhibition (qui implique des mises en garde et alarmes « chaudes » contre le danger du piège perceptif, l'erreur possible) et de l'apprentissage strictement logique, qu'on a qualifié de « froid[49] ». Les résultats ont indiqué : a) au niveau comportemental ce qu'on savait déjà, c'est-à-dire que seul l'apprentissage de l'inhibition est efficace (car ce n'est pas la logique en tant que telle qui manque aux individus interrogés) ; et b) que l'activation cérébrale la plus importante qui différencie ce type d'apprentissage de l'apprentissage logique est celle du cortex préfrontal ventro-médian (CPVM) droit. Il s'agit très exactement de la région, proche du système limbique, décrite par Damasio dans ses travaux de neuropsychologie clinique : à l'avant (préfrontal), en bas (ventro-) et au milieu (médian) du cerveau droit. Nous avons vu que cette région est impliquée, toujours selon Damasio, dans les relations étroites entre émotion, « sentiment même de soi » et raisonnement : ici l'émotion liée au sentiment de s'être trompé, spécifiquement déclenchée par l'apprentissage de l'inhibition du biais perceptif.

C'est précisément la région qui est lésée chez les patients de Damasio et qui l'était chez Phineas Gage, célèbre cas clinique décrit par John Harlow en 1848. Ce jeune chef de chantier s'est retrouvé totalement inadapté socialement et intellectuellement, par rupture des relations entre émotion et raisonnement, après qu'une barre à mine longue de 1,10 mètre lui a traversé le crâne et le cerveau, détruisant son cortex préfrontal ventro-médian droit – une reconstruction tridimensionnelle numérisée de son cerveau a pu être réalisée par Hanna Damasio à partir de son crâne conservé à l'Université Harvard[50].

Dans nos données, au niveau de l'analyse individuelle (c'est-à-dire la différence de débit sanguin cérébral régional individu par individu), c'est cette même région de l'hémisphère droit qui est activée chez ceux qui accèdent à l'algorithme logique VF (système 2) après l'apprentissage de l'inhibition du biais perceptif (donc après correction de l'erreur du système 1), alors qu'elle ne l'est pas chez ceux qui n'y accèdent pas (persistance dans l'erreur après un apprentissage logique « froid »). Sachant que la théorie de Damasio est une théorie de la conscience réflexive, définie comme l'émotion liée au sentiment de soi lors d'une activité cognitive, il est intéressant de noter que, avant l'apprentissage de l'inhibition du biais de raisonnement, les participants à notre expérience n'étaient pas conscients qu'ils commettaient une erreur de logique (ils pensaient tous répondre juste), alors qu'après ils l'étaient – nous n'avions toutefois pas mesuré finement, comme le fait aujourd'hui De Neys, avec une échelle expérimentale de confiance, s'il n'y avait pas déjà « un léger doute » au départ[51]. Ce phénomène de prise de conscience des erreurs, dont on a découvert ici la trace cérébrale, est une expérience métacognitive au sens de Flavell[52].

Ces résultats d'imagerie cérébrale suggèrent donc que l'émotion peut aider le raisonnement, contrairement à l'idée introduite par Descartes (et encore implicite chez Piaget, même chez Kahneman) d'une nécessaire opposition de la raison et de l'émotion – l'« erreur de Descartes » dénoncée par Damasio. D'un point de vue évolutionniste, on pense ici au rôle classiquement imputé à l'émotion dans la survie, à savoir que la peur face à un danger conduit les animaux, dont l'homme, à le fuir et donc à l'éviter (contrairement à un ordinateur qui n'a pas de corps biologique, pas d'homéostasie, et qui n'a pas peur). On peut dès lors avancer, en termes darwiniens, que l'évolution (phylogenèse) a dû façonner un cerveau qui ressent des émotions et sentiments (*feelings* en anglais) nécessaires pour inhiber les comportements inadaptés (*via* un système de variation-sélection et de test comme celui proposé par Changeux), y compris lorsqu'il s'agit de raisonnement logique. *C'est peut-être cela la forme optimale de l'adaptation biologique* et non pas, comme le pensait Piaget, l'intelligence logique en tant que telle (système 2). Le cerveau humain n'est pas, à l'image d'un ordinateur et de ses algorithmes, un calculateur froid et logique – l'apprentissage à inhiber un biais est « chaud » (émotionnel) même au stade ultime des opérations formelles de Piaget.

Cette démonstration de neuroscience du raisonnement faite ici à propos de l'exemple expérimental très ponctuel du biais d'appariement perceptif dans des règles « si-alors » (il faut toujours un exemple précis quand on réalise une recherche scientifique de cette nature) a ensuite été généralisée par l'équipe de Vinod Goel à l'étude du biais sémantique de croyance dans les syllogismes[53].

Inhiber les croyances, stéréotypes et décisions absurdes

Le système 3 et sa fonction inhibitrice du système 1 sont évidemment sollicités, ainsi que nous venons de l'évoquer, pour corriger bien d'autres biais que l'appariement perceptif, notamment le biais de croyance et les stéréotypes (biais de « représentativité »). On se rappelle l'illustration du syllogisme où les enfants ont systématiquement tendance à accepter une conclusion non valide mais crédible : a) *les éléphants sont des mangeurs de foin*, b) *les mangeurs de foin ne sont pas lourds*. Est-ce que cela veut dire que : c) *les éléphants sont lourds* ? Ils répondent oui, alors que rien ne leur permet de déduire logiquement cette conclusion des prémisses. Sur cet exemple précis, des études expérimentales ont démontré que les capacités exécutives du système 3 permettent d'inhiber le biais[54]. De nombreuses études ont confirmé ce point chez les enfants comme chez les adultes[55].

Dans le même esprit, au laboratoire nous avons démontré expérimentalement que le tout-puissant stéréotype du problème de Linda inventé par Kahneman et Tversky dans les années 1980 (le « biais de représentativité » ou erreur de conjonction : « employée-féministe ») n'est pas irrépressible et peut être inhibé après un entraînement spécifique du système 3, alors que la simple réexplication de la règle ou de l'algorithme de probabilité (système 2) n'y suffit pas[56].

Autant d'éléments de pédagogie expérimentale qui restent à développer, renforcer, retester – et surtout à adapter au cas par cas – mais qui donnent déjà une indication précise du type de réponse qu'on peut apporter aujourd'hui à la question de Kahneman : « Comment améliorer les jugements et les décisions, tant les nôtres que ceux des institutions que nous servons et qui nous servent ? » À cet égard, dans son livre de sociologie quotidienne très remarqué, *Les Décisions absurdes*, Christian Morel, ancien cadre dirigeant de groupes industriels français, a suggéré d'appliquer au monde de l'entreprise (et des institutions en général) nos idées sur le rôle positif et adaptatif de l'inhibition, en remarquant que : « Chez des pilotes, des équipages, des ingénieurs, des managers, disposant d'une compétence de type scientifique et la pratiquant, des processus de raisonnement quasi enfantins semblent parfois surgir ou ressurgir, comme s'ils étaient restés en embuscade dans les esprits, prêts à bondir dès la suspension de l'inhibition qui les bride habituellement[57]. » C'est, sous un autre angle, le résumé très exact de ce que j'ai voulu dire ici sur le rôle quasi héroïque que doit jouer le système 3 non seulement dans les laboratoires de psychologie et de neurosciences (où les yeux des chercheurs sont rivés sur les écrans d'imagerie cérébrale et la correction microexpérimentale des biais), mais aussi dans la société.

À propos des ancrages : amorçage positif ou négatif ?

Les « ancres » sont une absurdité des jugements et raisonnements humains selon Kahneman (les décisions absurdes ont, en effet, du ressort et des ancrages). L'exemple expérimental des ancres, important dans la théorie de Kahneman, va nous permettre d'illustrer autrement encore nos différences de points de vue quant aux mécanismes de la plasticité et de la vicariance entre systèmes 1 et 2, grâce au contrôle inhibiteur du système 3.

Voici un exemple où Kahneman et Tversky ont un jour truqué, pour les besoins de l'expérience, une roue de la fortune[58].

Celle-ci était graduée de 0 à 100, mais ils s'étaient arrangés pour qu'elle ne s'arrête que sur 10 ou 65. Ils faisaient alors tourner la roue et demandaient aux participants de noter le nombre sur lequel elle s'arrêtait (qui ne pouvait évidemment être, sans qu'ils le sachent, que 10 ou 65). Puis, Kahneman et Tversky leur posaient deux questions : a) *le pourcentage de pays d'Afrique aux Nations unies est-il supérieur ou inférieur au chiffre que vous venez de noter* ; et b) *quel est selon vous le pourcentage de pays d'Afrique aux Nations unies ?* Il n'y a évidemment aucun rapport entre cette roue de la fortune, truquée ou non, et les questions géopolitiques posées mais, néanmoins, les participants n'ont pas ignoré cet ancrage : ceux qui avaient vu le nombre 10 répondaient 25 % en moyenne aux deux questions, contre 45 % pour ceux qui avaient vu le nombre 65. Ce biais, dit « effet d'ancrage », survient quand les gens sont exposés à une valeur particulière (l'ancre) avant d'estimer une quantité inconnue. C'est un résultat extrêmement robuste en psychologie expérimentale. Vous en imaginez les multiples impacts dans la vie en société : la connaissance de l'annonce d'un prix pour l'achat d'une maison ou d'un appartement, ou toute autre forme de négociation (qui, par l'ancre initiale, peut être psychologiquement et habilement tirée vers le bas ou vers le haut). C'est également une arme redoutable du « neuromarketing ».

L'interprétation cognitive de Kahneman, pour mieux comprendre ce biais (un exemple supplémentaire des puissances trompeuses de Pascal), est qu'il s'agit de ce qui est par ailleurs connu en psychologie expérimentale sous le nom d'« effet d'amorçage » *(priming)* ou de « facilitation », amorçage dit « positif » en mémoire associative (voir plus haut dans la section « L'inhibition, un processus clé du fonctionnement neuronal »). C'est ce renforcement facilitateur qui est le sens du qualificatif « positif », même s'il peut s'agir d'un biais aux conséquences négatives pour l'exactitude factuelle ou logique de l'estimation. Une information préalable (l'amorce ou le *prime*), consciemment ou inconsciemment perçue, ou une action, attitude, stratégie d'ancrage, renforce (facilite) la réponse ou le jugement qui est juste consécutif (le *probe* – d'où des séquences expérimentales dites *prime-probe* en anglais). Pour étayer son interprétation, Kahneman fait référence aux travaux de Thomas Mussweiler sur le rôle de la cohérence associative dans l'ancrage[59]. Il s'agit dans cet exemple d'une question de température. On demande aux participants : a) *la température moyenne annuelle en Allemagne est-elle supérieure ou inférieure à 20 °C* ; ou b) *la température moyenne annuelle en Allemagne est-elle supérieure ou inférieure à 5 °C ?* Juste après, Mussweiler leur demande, dans une autre tâche, d'identifier simplement des mots (par rapport à des non-mots). Résultats : l'amorce ou ancrage « 20 °C » facilite de façon statistiquement significative (amorçage positif) la reconnaissance de mots liés à l'été (soleil, plage, etc.), alors que l'amorce « 5 °C » favorise la reconnaissance de mots liés à l'hiver (gel, ski, etc.). Les nombres élevés ou bas activent ici, par association en mémoire, des séries différentes d'idées. Ces effets de suggestion cognitive sont pour Kahneman un exemple supplémentaire, l'un des plus insidieux, des opérations automatiques du système 1. L'ancrage est ainsi souvent, dans le domaine du raisonnement et de la prise de décision, un potentiel générateur d'absurdité.

Mais faut-il s'y résigner ? Le système 1 doit-il rester le héros, au sens du dominant et du gagnant ? Qu'il s'agisse d'estimation immobilière, de négociation ou de neuro-marketing en tous genres, est-ce une incorrigible faiblesse d'esprit ? En 2012, Kahneman conclut par ces mots (qu'on peut qualifier de « métacognitifs » au sens où nous l'avons défini) : « Vous devriez partir du principe que tout chiffre que l'on vous suggère a un effet d'ancrage sur vous, et si les enjeux sont élevés, vous devriez mobiliser votre système 2 afin d'en combattre les effets... » Mais, juste avant, il reconnaît lui-même – et c'est là une réelle contradiction – que « le système 2 *n'a aucun contrôle* [souligné par nous] sur l'effet d'ancrage[60] ». Pourquoi dès lors chercher à mobiliser le contrôle d'un système qui n'en a pas les ressources cognitives ? Cela n'est pas raisonnable, en particulier si les enjeux sont élevés. C'est le point faible de la théorie du double système 1-2 dès l'instant où elle n'intègre pas, ce que je suggère ici, le contrôle inhibiteur du système 3. Dans ce cas, c'est ce système exécutif qui est le héros cognitif attendu (au sens où il peut assurer l'effort, le « coût exécutif ») pour combattre les effets d'ancrage. C'est lui le résistant ! Il en a les ressources dans les neurones du cortex préfrontal, siège des fonctions exécutives (ressources spécifiques, inscrites très tôt dans la structure même de notre cerveau, qui s'accroissent avec l'âge et qui sont réceptives à l'apprentissage)[61].

Le recours au système 3 n'est pas dans mon analyse une position de principe, un affichage ou une facilité théorique, mais réellement une approche expérimentale nouvelle, à explorer scientifiquement, à tester, illustrer et généraliser, dans le domaine du raisonnement logico-mathématique et de la prise de décision. De ce point de vue, la question essentielle de l'ancrage ou de l'amorçage positif traitée par Kahneman est un exemple technique, très révélateur d'une « philosophie de la pensée (trop) intuitive », qui va me permettre d'expliciter au mieux ma thèse du système 3, en démontrant l'effet inverse à celui décrit par Kahneman : l'« amorçage négatif » du raisonnement, mesure expérimentale de l'efficacité du contrôle inhibiteur de S3.

Mesurer l'effort cognitif d'inhibition

Nous avons déjà bien noté, avec les exemples précédents de Kahneman, Tversky et Mussweiler, ce qu'est l'amorçage positif en tant qu'effet de facilitation qui renforce l'intuition du système 1 et la paresse du système 2. L'amorçage négatif, créé par le système 3, est la dynamique inverse. Il s'agit toujours de séquences expérimentales avec des ancres (*primes*) et des réponses consécutives (*probes*), mais on les complexifie un peu et on va directement « mesurer l'effort cognitif[62] ». C'est un programme de recherche « contre la paresse cognitive », qui est parfois agréable certes, de même que les intuitions ou heuristiques sont très utiles (chez les experts par exemple), mais aussi dangereuses pour soi comme pour les autres.

La toute première étude, que nous avons conçue avec mon équipe et publiée en 2001 dans cet esprit (l'invention du « paradigme expérimental » appliqué aux stratégies cognitives), était relative à la célèbre tâche de conservation du nombre inventée et utilisée par Piaget – ensuite par beaucoup de psychologues dans le monde – pour tester les stades du développement logico-mathématique de l'enfant. Je faisais l'hypothèse que cette tâche, réussie vers 7 ans (« âge de raison »), recrutait le système 3 (capacité exécutive d'inhibition de l'heuristique « longueur égale nombre ») bien plus que le système 2 (la logique du nombre en elle-même comme le pensait Piaget)[63]. Cette hypothèse était étayée par le fait qu'après Piaget, beaucoup d'études (menées par des équipes internationales de chercheurs d'horizons très divers) avaient clairement démontré l'existence plus précoce d'une logique du nombre chez le jeune enfant[64], bien avant l'âge de 7 ans (constat aujourd'hui renforcé par les découvertes sur les capacités de raisonnement des bébés). Le système 2 semblait dès lors sous-utilisé jusqu'à 7 ans. Mais cette apparente paresse cognitive pouvait être liée, selon moi, à une limitation cérébrale réelle et autre (l'effort d'inhibition de l'heuristique « longueur égale nombre »), jamais mesurée directement dans la tâche piagétienne classique avec les techniques modernes de la psychologie expérimentale (ordinateurs et temps de réponse). Cette limitation devait dépendre du développement du système 3, en l'occurrence le cortex préfrontal. On sait aujourd'hui, par l'imagerie cérébrale *anatomique*, que la maturation de cette partie du cerveau est lente et tardive, du bébé à l'adolescent[65].

Voici le descriptif du paradigme d'amorçage négatif princeps mis au point en 2001. Pour rappel, dans la tâche piagétienne de conservation du nombre, la réponse : « Il y a plus de jetons là où c'est plus long » est une erreur de raisonnement, fondée sur l'intuition perceptive « longueur égale nombre » qui révèle, selon Piaget, que l'enfant n'a pas encore acquis le *concept* de nombre (et le stade opératoire concret correspondant). Dans notre version informatisée de cette tâche, conçue pour tester l'amorçage négatif, des séquences avec des ancres et des réponses-tests consécutives ont été programmées sur ordinateur afin d'enregistrer les temps de réponse en millisecondes, ce qu'on appelle la « chronométrie mentale » (les réorganisations très rapides de stratégies dans le modèle du darwinisme neuronal-mental de Changeux). Le principe était : 1) de faire résoudre à l'enfant une tâche de type Piaget (où, par hypothèse, il devait inhiber la stratégie heuristique longueur égale nombre) ; et 2) de lui présenter, juste après, une situation où longueur et nombre covariaient (deux alignements de jetons où celui qui est le plus long contient aussi le plus de jetons). L'enfant devait dès lors activer en 2 la stratégie (l'heuristique) qu'il venait d'inhiber en 1.

Les résultats indiquent que, dans ce dernier cas, l'enfant d'école élémentaire met un peu plus de temps pour répondre (environ 150 millisecondes) que dans une situation contrôle où il n'a pas dû résoudre d'abord la tâche de type Piaget. Ce petit décalage de temps, statistiquement significatif, est ce qu'on appelle l'amorçage négatif, démonstration expérimentale du fait que l'enfant a bien dû inhiber, bloquer, la stratégie longueur égale nombre (système 1) pour réussir la tâche de type Piaget (d'où le temps supplémentaire qu'il met à débloquer cette stratégie quand elle devient pertinente : la levée d'inhibition). C'est une astuce technique, comme permet de le faire la psychologie expérimentale, qui révèle le coût exécutif (l'effort) nécessaire au système 3 pour bloquer l'intuition perceptive du système 1 (en embuscade, prête à bondir) et laisser à l'enfant la potentialité d'exprimer ses réelles capacités logiques (système 2 : ici l'algorithme du comptage ou du dénombrement) au-delà du conflit créé par l'interférence visuo-spatiale entre le nombre et la longueur. C'est une mesure de l'effort d'inhibition.

On a vu que ce type d'heuristique « longueur égale nombre » vient des régularités perceptives et sémantiques du système 1, sans doute construites par un apprentissage probabiliste de type bayésien[66]. Elles sont renforcées culturellement à certains moments du développement et deviennent dominantes dans le cerveau. Revenons un instant sur les définitions mêmes des stratégies en compétition : les heuristiques (système 1) ou les algorithmes logiques (système 2). Pour rappel, une heuristique est une stratégie très rapide, très efficace – donc économique pour l'enfant ou l'adulte –, qui marche *très bien, très souvent, mais pas toujours* (à la différence de l'algorithme, le comptage ou le dénombrement exact dans notre exemple, plus lent, mais qui conduit *toujours* à la bonne solution). D'où vient l'heuristique « longueur égale nombre » ? Par exemple, sur les rayons des supermarchés, en général, il est vrai que la longueur et le nombre varient ensemble (covarient). De même à l'école ou à la maison, quand on apprend les additions et les soustractions (ajouts/retraits) avec des objets sur une table, si on additionne, on ajoute un ou plusieurs objets (1 + 1 + 1 + 1 + …), et c'est plus long ; si on soustrait, c'est l'inverse. Autre exemple : dans les livres de « maths pour petits » ou sur les murs des classes, on découvre en général la suite des nombres de 1 à 10 illustrée par des alignements d'objets de longueur croissante (des alignements d'animaux ou de fruits, par exemple). Dès lors, on comprend que face à ces fortes régularités perceptives, le cerveau de l'enfant doive obligatoirement déployer un mécanisme plus puissant de résistance cognitive : l'inhibition par le système 3 de l'heuristique « longueur égale nombre ».

À partir de cette même tâche piagétienne de conservation du nombre, nous avons en outre pu démontrer par l'imagerie cérébrale (avec la technique de l'IRM fonctionnelle) que ce qui pose réellement problème aux enfants, avant l'« âge ou stade de raison » (7 ans), est l'intervention de leur cortex préfrontal pour inhiber l'heuristique « longueur égale nombre » très renforcée par l'environnement préscolaire. Celle-ci interfère, dans le cortex pariétal des enfants, au niveau du sillon intrapariétal (SIP), avec l'algorithme exact de quantification (le comptage)[67].

Le cortex pariétal est le siège des mathématiques, du *sens du nombre* chez le bébé jusqu'aux calculs plus complexes chez l'enfant et l'adulte, en particulier le SIP, son épicentre[68]. Mais, dans ce dernier, des neurones dédiés aux nombres voisinent avec d'autres neurones dédiés à des dimensions spatiales non pertinentes (taille, longueur, position des objets, etc.)[69] qui, dans certaines tâches comme celle de Piaget, doivent précisément être inhibées.

Dans mon laboratoire, nous cherchons aujourd'hui, avec Arnaud Viarouge, à mettre au point des petits tests simples qui permettent aux professeurs des écoles d'évaluer quelles dimensions non pertinentes dominent chez un élève donné dans des tâches numériques[70]. Ce sont ces dimensions – et surtout les heuristiques qu'elles déclenchent dans son cerveau – qu'il faudra lui apprendre à inhiber selon les cas, plutôt que d'inutilement lui répéter l'algorithme logique de comptage lorsqu'il est déjà acquis[71].

On comprend dès lors mieux que, selon les situations plus ou moins conflictuelles S1/S2 rencontrées par l'enfant au cours de son développement, il y ait des ratés, des accrocs, des décalages inattendus (incluant des retours en arrière ou apparentes « régressions ») ; ce que j'ai appelé un développement biscornu, accidenté, *non linéaire.* C'est une faiblesse de notre cerveau, certes, mais aussi une force réelle, car cette source d'erreur et de variabilité des performances – dès l'instant où elle est bien diagnostiquée, évitant les faux-négatifs – peut être utilement exploitée, lors d'expériences métacognitives, pour une pédagogie ciblée et différenciée (dite « exécutive » ou de contrôle cognitif)[72] qui permet d'« apprendre à résister » (système 3). C'est cela l'exercice de l'intelligence.

Avec Grégoire Borst, nous avons également montré – au-delà de l'exemple piagétien de la conservation du nombre – comment le principe de l'amorçage négatif, avec des paires d'items de raisonnement dites expérimentalement « reliées » (parvenir à activer ce qu'on vient d'inhiber) ou « non reliées » (paires contrôles sans ce lien exécutif, c'est-à-dire sans coût lié à la levée d'inhibition), est applicable pour la mesure de l'action du système 3 dans de multiples domaines[73]. Ainsi, cette démonstration est aujourd'hui établie pour la catégorisation (l'algorithme logique d'inclusion des classes A, A' et B, les 10 marguerites, 2 roses et 12 fleurs de Piaget) où la difficulté est d'inhiber la comparaison perceptive directe (A > A')[74], ou encore dans le domaine des syllogismes tels qu'étudiés par Evans, Kahneman et Tversky lorsqu'il s'agit d'inhiber les croyances (heuristique de crédibilité) pour activer la logique (algorithme de validité)[75]. Ces démonstrations expérimentales ont été faites tant chez les enfants que

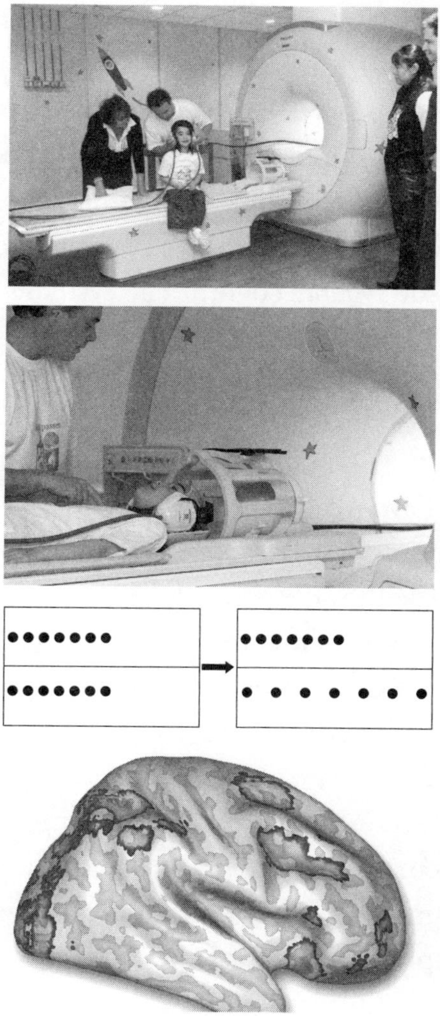

Figure 17. Visualisation par l'imagerie cérébrale des régions associées à la réussite de la tâche de conservation du nombre de Piaget en IRMf par des enfants d'âge scolaire : régions postérieures pariétales (nombre/espace) et antérieures préfrontales (inhibition). Installation de l'enfant dans la machine, illustration de la tâche et résultat d'imagerie cérébrale (d'après Houdé *et al.*, 2011).

chez les adultes pour qui l'effort d'inhibition est toujours nécessaire, même si le coût exécutif est moindre en raison de la maturation progressive de leur cortex préfrontal. Ces effets multidomaines montrent combien le processus cognitif engagé est très général, comme l'a finement illustré Borst par des transferts interdomaines[76], et constitue à ce titre un argument fort de *système* cognitif : le système 3.

Allers-retours du labo à l'école

Le test de l'amorçage négatif ne vaut pas uniquement pour des situations de laboratoire, mais aussi pour un certain nombre de difficultés observées à l'école et retestées ensuite au laboratoire pour bien comprendre les processus cognitifs impliqués. On a déjà vu dans le chapitre 1 qu'à l'école les élèves butent souvent sur des énoncés verbaux du type : *Louise a 25 billes. Elle a 5 billes de plus que Léo. Combien Léo a-t-il de billes ?* Fréquemment, l'enfant ne parvient pas à inhiber l'heuristique implicite : « Il y a le mot "plus" alors j'additionne » (25 + 5 = 30) afin d'activer l'algorithme pourtant simple de soustraction (25 – 5 = 20). Ici aussi, la procédure d'amorçage négatif a permis de mesurer le coût exécutif réel d'entrée en action du système 3 (inhiber 25 + 5 = 30) lorsque les enfants apprennent à surmonter leur difficulté logique (bonne réponse = 20)[77]. Inutile donc de leur répéter, au-delà du nécessaire, les règles de l'addition et de la soustraction (système 2) ; c'est plutôt le système 3 qu'il faut exercer.

Un autre exemple est la difficulté fréquente des élèves à comparer des nombres décimaux lorsque le plus grand d'entre eux contient moins de chiffres après la virgule que le plus petit : par exemple, 1,5 *versus* 1,432. Les enfants répondent que 1,432 est plus grand que 1,5. Ici encore, nous avons démontré expérimentalement au laboratoire, toujours avec la technique de l'amorçage négatif, que pour éviter ce type d'erreurs, l'enfant doit apprendre à inhiber les propriétés des nombres entiers, en l'occurrence l'heuristique : « Plus le nombre contient de chiffres, plus il est grand » (heuristique implicite ou explicite très forte) quand il compare des nombres décimaux[78]. Un autre exemple encore s'observe quand les élèves doivent comparer des fractions à numérateurs égaux : par exemple, 1/4 *versus* 1/3. Souvent, les enfants répondent trop rapidement (fonctionnement heuristique) que 1/4 est plus grand que 1/3 car 4 est plus grand que 3 !

En orthographe, fréquemment, les enfants d'école élémentaire font la faute « je les mange<u>s</u> ». Ce n'est pas qu'ils ignorent la règle logique (algorithme orthographique, système 2) selon laquelle il n'y a pas de *s* à la première personne du singulier dans les verbes du premier groupe (manger, trouver, etc.), mais ils sont incapables d'inhiber l'heuristique (système 1) « après *les*, je mets un <u>s</u>[79] ». La tentation est ici trop grande pour eux, en raison de la proximité du terme « les » dans la phrase. L'enfant doit donc apprendre à inhiber (système 3), grâce à son cortex préfrontal, cette réponse dominante et automatique, pour avoir la flexibilité d'appliquer une autre stratégie de son répertoire orthographique. On pourrait croire que cela ne concerne que les enfants. Mais combien d'e-mails ne reçoit-on pas de collègues ou amis qui écrivent « je vous le direz » au lieu de « je vous le dirai » ? C'est exactement le même défaut d'inhibition frontale, réactualisé et renforcé par la rapidité de l'écriture électronique.

Autant d'exemples idéaux pour exercer le système 3 en classe et faire prendre conscience aux élèves des heuristiques trompeuses de leur système 1, *via* des expériences métacognitives. C'est complémentaire du seul apprentissage classique des programmes scolaires, c'est-à-dire des règles ou algorithmes de maths, français, etc.[80]. Mon laboratoire du CNRS a lancé depuis la rentrée 2017, *via* les professeurs volontaires en classe, a) une grande cartographie des heuristiques cognitives et scolaires (système 1), souvent inconscientes, implicites, mises en regard des algorithmes correspondants du programme (système 2) ; et, dans la foulée, b) des entraînements métacognitifs quotidiens au contrôle inhibiteur. Les premiers résultats en classe, scientifiquement mesurés, sont très prometteurs (https://lea.fr/)[81]. Nous cherchons ainsi à ouvrir pour l'éducation – *ce n'est que le début* – un champ comparable à celui que Kahneman a ouvert pour l'économie. Les écoles qui participent à notre programme sont issues de pays de toute la francophonie.

Il y a dès lors un réel espoir pédagogique face au doute exprimé par Kahneman après un demi-siècle d'une œuvre monumentale (« d'expérience, je sais que le système 1 n'est pas facile à éduquer »). Si ce n'était qu'une question d'enfance, ce serait déjà très important, mais c'est aussi une question d'adultes (au travail par exemple) : l'attestent tous les exemples de biais découverts et rapportés par Evans, Kahneman, etc., qui nous plongent dans les multiples courts-circuits de la pensée intuitive et rapide du système 1 – l'énoncé verbal des billes vous aura peut-être rappelé celui de la batte et de la balle sur lequel butent la majorité des étudiants de Harvard, du MIT et de Princeton (voir chapitre 5). On sait à présent grâce aux travaux de De Neys que, dans ce problème de maths, les étudiants butent, mais doutent *quand même*. Reste à ce que ce doute cognitif soit transformé en éléments de départ d'une pédagogie de l'inhibition des biais de raisonnement.

Pour une pédagogie du regret

Un retour à présent, pour clore ce chapitre, sur l'émotion et la théorie de Damasio. Nous avons vu qu'il existe dans le cerveau des circuits neuronaux bien identifiés qui peuvent permettre (sauf en cas de lésions) le guidage émotionnel efficace du raisonnement logique (notamment *via* le cortex préfrontal ventro-médian droit, CPVM). Cette capacité de guidage, de réorientation dans notre paysage cognitif (arrêt/marche ou inhibition et activation de stratégies S1/S2, heuristiques et algorithmes) est toutefois fragile, et elle n'est pas acquise d'emblée ni une fois pour toutes, ainsi qu'on vient de le voir dans de multiples exemples. D'où l'intérêt d'une pédagogie ciblée sur le système 3.

Il y a dix ans, j'ai avancé l'idée – qui fut testée et validée expérimentalement ensuite au laboratoire[82] – d'un rôle exécutif du regret et, plus précisément, de l'*anticipation du regret* que nous risquons d'éprouver dans une situation de raisonnement (ou de choix cognitifs, sociaux ; la prise de décision au sens large)[83]. C'est un élément psychologique à ajouter au schéma initial de Damasio[84]. En effet, en observant des patients atteints de lésions du cortex orbito-frontal (même système paralimbique que le CPVM étudié par l'équipe de Damasio), d'autres chercheurs ont démontré que pour prendre des décisions notre cerveau ne fait pas seulement appel aux expériences passées plaisantes ou déplaisantes (*via* les marqueurs somatiques mémorisés)[85]. Il doit aussi être capable d'imaginer des scénarios virtuels, hypothétiques (dits « contrefactuels », c'est-à-dire allant contre les faits) et d'anticiper des regrets par rapport à eux : en l'occurrence, dans cette étude, il s'agissait de gains que l'individu aurait pu obtenir, par d'autres choix, dans un jeu d'argent. Le regret est le sentiment distinctif de ce type de processus (les patients ne l'éprouvent plus) et, associé au sens de la responsabilité, voire de la culpabilité qui caractérise les émotions des individus sains, il est essentiel à l'adaptation cognitive et sociale, c'est-à-dire à la réalisation des bons choix (avantage adaptatif du regret qui a dû se façonner depuis fort longtemps dans le cerveau de nos ancêtres, déjà ceux du pléistocène).

De façon voisine et complémentaire, de nouveaux travaux de Damasio et ses collaborateurs ont permis d'établir une cartographie cérébrale du « sens moral » – ou des prises de décision morales – dont l'émergence est liée aux émotions sociales : par exemple, à l'aversion à faire souffrir autrui[86]. On peut donc potentiellement apprendre à « inhiber pour soi » ou « pour les autres » – deux objectifs pédagogiques liés et distincts (on l'imagine bien) selon les cas, les enjeux… Jusqu'à l'abnégation ! Il s'agit ici de subtiles émotions, cognitives et sociales. Mais ce sont, dans ce cas, les émotions du système 3 (à étudier en tant que telles). Elles sont d'une autre nature que les émotions trompeuses de la pensée intuitive et rapide du système 1 de Kahneman (comme le « j'aime ou je déteste » sans une once de réflexion, du même ordre que le *like* devenu viral sur les réseaux sociaux). Ce sont même – s'il fallait en faire une cartographie très simple – les *émotions inverses* : des émotions cognitives. Elles sont beaucoup plus proches de l'autoévaluation réfléchie et préfrontale décrite par Changeux dans son darwinisme neuronal-mental : émotions liées au système de sélection et de test qui anticipe l'interaction avec l'environnement (c'est là que pourrait s'insérer au mieux l'anticipation du regret pour guider l'inhibition des réponses impulsives du système 1).

Ces émotions liées à l'autoévaluation (sélection, test de stratégies) qui participent, selon Changeux, « à l'accord de la connaissance avec elle-même » ne doivent donc pas être confondues avec le système 1 (intuition), ni avec le système 2 (logique), surtout en cas de conflits cognitifs S1/S2. Pour arbitrer ces conflits, il faut une émotion qui soit presque morale au sens fort du terme (mon idée de résistance). Piaget disait d'ailleurs, dans ses premiers écrits[87], que « la morale est la logique de l'action ». Il n'aurait toutefois pas dû réduire ensuite cette morale au seul système 2 (développement logico-mathématique) et à ses opérations trop cognitives et formelles (jusqu'au groupe ou algorithme INRC)[88], complexes, certes, mais aussi discrètes qu'inefficaces en cas de conflits cognitifs sérieux, à tous les âges et quel que soit le niveau académique.

La morale est plutôt ici la logique de l'inhibition et des émotions contrefactuelles qui la guident (système 3) : douter de soi[89] et regretter une réponse possible du système 1 par anticipation (c'est-à-dire *contre* la prereprésentation de S1 en mémoire de travail) et dès lors inhiber cette réponse impulsive (par flexibilité, vicariance) pour répondre autrement (système 2). C'est ainsi qu'on peut dire avec l'écrivain Jean d'Ormesson que « penser, c'est refuser, c'est dire non, c'est penser contre soi. [...] Penser est toujours autre chose[90] ». En histoire des sciences, c'était la « philosophie du non » de Gaston Bachelard : combattre et surmonter les obstacles épistémologiques.

Si elle est bien exercée et renforcée positivement (par l'école, la pédagogie), cette séquence exécutive *doute-regret-inhibition* peut être stabilisée dans notre cerveau, renforcée en mémoire à long terme (darwinisme neuronal-mental) et devenir, elle aussi, *très rapide* (donc adaptative, compétitive par rapport à la rapidité du système 1 de Kahneman) face à de nouveaux conflits cognitifs semblables. C'est avec l'idée d'apprendre aux enfants, comme aux adultes, ce type d'« automatismes métacognitifs » efficaces que l'éducation au raisonnement peut espérer – au-delà du simple apprentissage logique lui-même – combattre et corriger les biais, tant déductifs qu'inductifs.

Cet espoir pédagogique est aujourd'hui fondé scientifiquement car, on l'a vu plus haut, nous avons démontré au laboratoire qu'un contrôle cognitif inhibiteur complet (ordre et exécution) peut efficacement se dérouler en dessous du seuil de la conscience[91]. Cela laisse entrevoir que même si l'inhibition préfrontale contrôlée est au départ le plus souvent consciente, lente, réflexive, métacognitive, elle pourrait peu à peu, par la pédagogie et un apprentissage intense, quotidien, devenir inconsciente (par automatisation de la métacognition) et dès lors aussi rapide que les heuristiques du système 1 de Kahneman – pour en quelque sorte les « attraper au vol » !

CONCLUSION

Ce qu'il faudrait coder et éduquer

Nous voilà arrivés au terme de ce livre. Il est temps de revenir aux questions initiales. Qu'est-ce que l'intelligence ? C'est la capacité d'inhibition. Inhiber quoi ? Les circuits courts, trop rapides, trop faciles : les heuristiques lorsqu'elles sont erronées. Pour activer quoi ensuite ? Les algorithmes logiques, plus lents et réfléchis, efficaces dans leur exactitude. Ce sont les circuits longs. Mais la vitesse de la pensée ne leur est pas favorable, ni notre paresse cognitive.

En eux-mêmes, comme le dit très bien Kahneman, les algorithmes (système 2) n'ont aucun contrôle sur les heuristiques trop impétueuses (système 1) qui les court-circuitent. Or il faut savoir ralentir la pensée, l'interrompre, même brièvement, pour se dégager des heuristiques : les inhiber, éviter les courts-circuits dangereux, prendre un autre chemin cérébral ou électronique, être vicariant. C'est la capacité d'arbitrage et de prise de recul du système 3, métacognitif, sous le contrôle du cortex préfrontal dans le cerveau humain et de l'extraordinaire potentiel neuronal, physico-chimique, qu'il peut mobiliser, diriger, *via* les mécanismes inhibiteurs et activateurs microscopiques, moléculaires, où que ce soit dans le cerveau. Au niveau macroscopique, du moléculaire à la cognition et à la conscience, l'enjeu est de prendre du recul ! C'est possible grâce à la composante de test cognitif et d'autoévaluation, selon le darwinisme neuronal de Changeux. C'est possible aussi, en termes complémentaires, grâce aux fonctions exécutives du cortex préfrontal : inhibition et flexibilité en mémoire de travail ou dans l'espace neuronal de travail conscient. Face aux heuristiques, aux puissances trompeuses (Pascal), *l'intelligence est au cœur de cette prise de recul*, de ce contrôle autoévaluatif et métacognitif – le cerveau B de Minsky. Bien que métacognitif, ce contrôle est sans doute automatisable ensuite avec l'entraînement, d'où le rôle clé de la pédagogie et de l'éducation de l'inhibition.

Ce n'est pas rien, car il faut d'abord cartographier en interne les heuristiques et biais cognitifs qui trompent notre cerveau ou un système informatique dans le cas de l'intelligence artificielle. Ensuite il faut percevoir les « signaux d'erreur » et ressentir certaines émotions, telles que la peur de l'erreur et l'envie de réussir – *via* les circuits dits « de la récompense » (dopaminergiques) du cerveau[1] – et, corrélativement, ressentir des sentiments tels que le doute, l'anticipation du regret, la curiosité, pour envisager de se ressaisir, suspendre un circuit court et inhiber ses heuristiques trop tentantes. Pour le cerveau humain, c'est possible, mais pour un ordinateur, cela paraît difficile, car il n'a pas peur, pas de but propre, d'enjeux personnels d'image (de soi) ou de survie, pas de corps à préserver qui le guiderait, *via* ses émotions et sentiments, à prendre les bonnes décisions. En un mot, un ordinateur n'a pas d'homéostasie. Ses neurones, quand il en a, ne sont que formels, virtuels. Un ordinateur n'est pas biologique, il n'a que ses algorithmes logiques ! Ou plus exactement ceux de ses codeurs, les informaticiens (même s'ils en « perdent le fil » dans les apprentissages trop profonds). C'est un problème pour l'IA.

Nous avons ressenti, tout au long de ce livre, que le combat que se mènent les heuristiques et les algorithmes dans les circuits de l'intelligence humaine épuisent et sollicitent, *via* l'inhibition/activation, des ressources cognitives et exécutives préfrontales certes, mais aussi, avant tout, les ressources de la vie : celles de la régulation et de l'adaptation. Ce point est particulièrement bien documenté dans les travaux de Damasio sur l'homéostasie et la *valence* de nos décisions, qui varie toujours du positif (ce qu'il faut activer) au négatif (ce qu'il faut inhiber) – avec des valeurs intermédiaires –, non seulement dans notre cerveau, mais aussi dans tout le corps : chimie et viscères, système musculo-squelettique et portails sensoriels[2]. C'est la gestion du processus vital.

Dans son dernier ouvrage, *L'Ordre étrange des choses*, Damasio argumente remarquablement que ce processus a été chimique avant d'être neural et qu'il a été au cœur de la vie à toutes les étapes de l'histoire de l'évolution, depuis les bactéries qui nous ont précédés sur la Terre il y a environ 3,7 milliards d'années[3]. L'homéostasie fait ainsi ressentir ce qu'il faut faire ou ne pas faire (marche/arrêt) et qui est bon ou pas pour le maintien et la survie de l'organisme, depuis la nuit des temps ! Damasio insiste toutefois sur le fait que l'origine des sentiments qui cartographient ces émotions corporelles remonte à environ 500 millions d'années avec l'apparition des premiers systèmes nerveux, puis du cerveau, en particulier celui de la lignée humaine chez son ancêtre Toumaï il y a 7 millions d'années (la phylogenèse de l'homme moderne proprement dit, *Homo sapiens*, datant de 300 000 ans selon le tout dernier chiffrage réalisé)[4].

Mais, bien que parlant de valence positive ou négative (agréable, entre les deux, désagréable), de régulation adaptative, etc., Damasio ne parle pas assez explicitement du processus clé d'*inhibition* dans l'homéostasie (déclenché par le signal d'arrêt, « ce qu'il ne faut pas faire »), qui est pourtant essentiel tant au niveau physiologique que neurocognitif (système 3) – on le sait, très précisément, en physiologie depuis le XIXe siècle grâce aux travaux de Sherrington. Damasio n'attaque pas non plus de front, au niveau intracortical, le problème cognitif plus complexe des processus de la pensée logique elle-même et le « paradoxe Kahneman-Piaget » ou « irrationalité-rationalité ». Or ce paradoxe est au cœur du problème de la vie humaine. Pourquoi notre cerveau qui : 1) a traversé toute l'histoire de la sélection naturelle (phylogenèse) grâce à l'homéostasie depuis l'origine de la vie il y a des milliards d'années, 2) s'est complexifié à travers les émotions et sentiments qu'il ressent et 3) semble déjà assez logique chez le bébé après la naissance (ontogenèse) *reste-t-il néanmoins si souvent illogique et irrationnel dans ses décisions plus tard, c'est-à-dire dans l'adaptation biologique par la pensée ou la cognition au cours de la vie ?* Comme si dans le cerveau humain, la pensée et les idées échouaient là où l'homéostasie a tout réussi, depuis les bactéries !

C'est une vraie énigme, tant pour la psychologie que pour l'informatique et l'IA (les biais, bugs, etc.). Nous avons montré dans ce livre, *via* les forces et les faiblesses du circuit inhibiteur (système 3), comment on pouvait mieux comprendre cette énigme. L'inhibition/activation est, en effet, à tous les étages du cerveau, la clé du problème. Mieux qu'un quotient intellectuel, il faudrait inventer un autre QI, le « quotient inhibiteur » (on parle de CI dans la littérature scientifique pour « contrôle inhibiteur »). Se rejouent en effet, à chaque instant, en mémoire de travail, dans le théâtre cognitif du cortex préfrontal, le jeu de la vie (des idées), l'homéostasie et la valence de nos décisions, toujours au final en tout ou rien, signal de marche ou d'arrêt : le positif (ce qu'il faut activer) et le négatif (ce qu'il faut inhiber). Un quotient ou rapport de force des algorithmes et des heuristiques. Piaget l'a ignoré, jugeant que les algorithmes logico-mathématiques, laborieusement construits durant l'enfance, suffisaient, chez le grand adolescent et l'adulte, à toujours prendre les bonnes décisions, rationnelles et optimales. Kahneman l'a démenti sans appel. La solution se trouve dès lors dans les ressorts inhibiteurs de nos synapses au niveau microscopique et de nos fonctions exécutives préfrontales, arbitres de nos réseaux neuronaux, au niveau macroscopique. C'est techniquement possible chez l'homme, sous réserve d'entraîner, d'éduquer, la capacité d'inhibition exécutive des enfants – un vrai défi pour l'école –, mais l'est-ce dans un ordinateur en informatique et en IA ?

Au début de ce livre, j'ai analysé en détail pourquoi, à mes yeux, l'intelligence n'est pas (seulement) un algorithme. Nous avons vu que l'hyperpuissance de l'informatique est aujourd'hui confrontée à ses limites, les bugs et biais en tous genres, et qu'en particulier, *via* le big data, les systèmes dits « intelligents artificiels », même avec un mécanisme d'apprentissage profond très perfectionné, sont exposés, plus que jamais, aux statistiques trompeuses et aux travers humains : les biais amplifiés du système 1 qui sautent désormais aux yeux des informaticiens et des décideurs – ainsi que des utilisateurs. En dépit des espoirs fous et des promesses passionnantes que suscite l'IA, on découvre ainsi la grande vulnérabilité des systèmes électroniques. Mais l'informatique est une science fabuleuse et, en cette matière, on peut imaginer tous les progrès. Souvent les spécialistes d'IA rêvent qu'un ordinateur puisse avoir les capacités d'apprentissage d'un enfant. C'est un peu pour eux que j'ai écrit ce livre. Quelles seraient, en effet, ces capacités informatiques enfantines qu'il faudrait développer, coder ? Tout particulièrement, celle d'inhibition des heuristiques bien entendu, au sens exposé et illustré ici, sachant qu'en matière d'activation d'algorithmes un ordinateur n'a *a priori* pas (ou moins) de difficultés.

Ainsi, toutes les données et analyses que j'ai présentées dans ce livre pourraient se révéler utiles pour doter, *dans le silicium* ou dans un autre matériau bio-inspiré, les systèmes informatiques dits « intelligents » de populations mixtes de neurones et synapses artificiels activateurs *et surtout inhibiteurs* (avec des puces spécialisées dans la simulation des neurones inhibiteurs), plus robustes, dont la connectivité permettrait, *via* des algorithmes sophistiqués de rétropropagation de l'erreur (ou d'autres algorithmes spéciaux à inventer), de simuler le contrôle métacognitif du cortex préfrontal de l'homme. Une fois de plus, je plaide pour aller au-delà du cortex visuel (et de ses fonctions) dans la façon dont les spécialistes d'IA s'inspirent du cerveau humain pour envisager l'intelligence. Ce contrôle inhibiteur préfrontal des ordinateurs (système 3) s'exercerait en partie de façon *top-down via* un module métacognitif dont le rôle serait de déclencher automatiquement, de façon centralisée et/ou distribuée, des fonctions mathématiques qui, selon les cas, diminueraient ou augmenteraient les forces (les poids) de certaines connexions entre neurones artificiels des systèmes 1 ou 2 (heuristiques *versus* algorithmes). Le tout avec un ordonnancement métacognitif – ou programme exécutif – précis et optimal.

J'imagine que de tels méta-algorithmes de contrôle cognitif peuvent techniquement être codés, voire le sont déjà dans certaines architectures informatiques. Mais comment peut-on raisonnablement imaginer le codage des émotions et sentiments (guides de l'inhibition), issus du corps et de l'homéostasie (électronique plutôt que biologique ?) des ordinateurs qui précisément n'ont ni émotions (pas de peur, pas de joie), ni sentiments (pas de doute, pas de regret), ni corps : pas de chimie et viscères, pas de système musculo-squelettique et de portails sensoriels – ou alors trop rigides et mécanisés. Bref, pas de « valence », dirait Damasio. Il y a bien les robots humanoïdes, répondront les roboticiens, mais qui restent de très pâles copies de l'humain pour ces questions affectives. S'y ajoute qu'il faut que le système ait un but personnel, une intention, un désir. La circuiterie électronique des ordinateurs peut-elle s'animer, se motiver d'une émotion qui guiderait l'inhibition de ses erreurs, bugs ou biais ? Je suis scientifique et crois par définition dans les pouvoirs de la science, y compris ceux de l'informatique et de l'IA, mais, scientifique, je doute aussi. Aux chercheurs en IA de se mobiliser sur ces questions métacognitives et préfrontales – sur leur traduction en informatique – plutôt que de se focaliser sur les seules multicouches du cortex visuel qui traitent, certes, aujourd'hui des millions d'images, mais créent aussi à travers leurs statistiques des biais perceptifs et cognitifs, sources d'erreurs et de dérives.

L'un des fondateurs de l'IA, Minsky, l'avait bien compris, dans *La Société de l'esprit*, avec sa très originale proposition d'un cerveau B, doté de censeurs et suppresseurs (le circuit inhibiteur), dont la fonction était de surveiller et examiner (contrôle métacognitif, autoévaluation) non pas le monde extérieur, mais l'esprit lui-même, le « cerveau A », en corrigeant ou supprimant ses schèmes inappropriés[5].

À propos de l'enfant, dans un chapitre intitulé « Les expériences de Piaget », Minsky avait finement perçu – contrairement à Piaget – que « la plupart des jeunes enfants possèdent un nombre suffisant des compétences requises [les algorithmes logiques] » pour réussir les tâches de conservation du nombre, des liquides, etc., « *mais ne savent pas quand les utiliser !* On pourrait dire qu'il leur manque une bonne *connaissance de leurs connaissances* [la métacognition] ou qu'ils n'ont pas acquis les mécanismes d'équilibrage nécessaires pour sélectionner », dit Minsky. Sélection où, selon lui, interviennent ses fameux censeurs et suppresseurs. Et il ajoute : « Il ne suffit pas de pouvoir raisonner de mille façons diverses [par exemple, le groupe formel INRC au stade ultime de Piaget] ; il faut aussi savoir *comment raisonner dans telle circonstance* ! Apprendre ce n'est pas seulement accumuler des connaissances[6]. » Mathématicien, Minsky avait tout compris, mieux qu'un psychologue de l'enfant à l'époque, car Piaget n'en était pas du tout arrivé à ces réflexions et conclusions.

Je ne sais dans quelle mesure l'IA d'aujourd'hui peut encore être inspirée par Minsky, l'un de ses pères fondateurs, mais il est certain qu'il avait compris que la seule accumulation d'algorithmes ou de couches de neurones artificiels ne suffisait pas à cerner les circuits de l'intelligence. C'est autre chose qu'il faut coder, le cerveau B qu'il faut imaginer !

Quant à ce qu'il faut éduquer chez les enfants, la psychologie du développement, elle aussi, a été longtemps en retard, sous l'emprise de Piaget et de son propre « biais incrémental », sa façon (très répandue encore aujourd'hui) de penser exclusivement en stades de plus en plus logiques. En paraphrasant Minsky, ce qu'il faut apprendre à l'enfant c'est comment raisonner *dans telle circonstance* en inhibant (système 3) les heuristiques trompeuses (système 1) pour activer les algorithmes logiques exacts (système 2) que souvent il possède déjà[7]. Or l'école ne cesse de répéter aux enfants, au-delà du nécessaire, ces algorithmes (les règles et notions du programme) quand ils se trompent. Les élèves ont sans doute besoin d'autre chose, l'exercice de leur système 3, dépendant du cortex préfrontal si longtemps immature durant l'enfance, ainsi que le révèle l'IRM anatomique.

Dans *L'École du cerveau*, j'ai donné beaucoup de pistes concrètes pour cette pédagogie du circuit inhibiteur, dès l'école maternelle[8]. Je n'y reviens pas ici, mais rappellerai simplement – dans l'esprit métacognitif de Minsky, le cerveau B – qu'on peut directement expliquer aux enfants comment fonctionnent les circuits de leur intelligence.

Ainsi, avec les collègues de mon laboratoire, nous leur avons expliqué certains mécanismes clés (heuristiques, algorithmes exacts, inhibition : systèmes 1, 2, 3) par des mots simples et à propos de situations scolaires. C'est ce que nous avons rapporté dans l'article illustré paru dans la revue *Frontiers for Young Minds* (en accès libre en ligne) dont le titre traduit de l'anglais est « Bloquer notre cerveau : quand nous devons inhiber des erreurs répétitives[9] ! ». Plusieurs dessins réalisés par le graphiste de la revue montrent comment lors d'une course entre H (l'Heuristique) et A (l'Algorithme exact) dans le cerveau, « Capitaine I » (inhibition) doit intervenir, grâce au cortex préfrontal, pour arrêter H et laisser passer A le premier sur la ligne d'arrivée ! On peut ainsi entraîner l'enfant à inhiber.

Dans cet esprit, nous avons proposé depuis la rentrée 2017 (projet renouvelé en 2018) des expérimentations collaboratives avec des enseignants des cycles 1, 2 et 3 du primaire (écoles maternelles et élémentaires) *via* la plateforme numérique de la communauté pédagogique *Lea* (http://lea.nathan.fr/). Le numérique permet ainsi d'expérimenter à grande échelle le transfert des données et analyses de neurosciences cognitives vers les pratiques de la classe, selon un processus continu d'allers-retours du labo à l'école[10].

Car le défi de ce siècle est, en effet, tout à la fois d'éduquer les enfants *et* de coder les ordinateurs, non pas seulement en accumulant des connaissances, des statistiques, du big data, des algorithmes, des couches profondes et insondables, mais en les dotant, face aux biais et heuristiques, d'un robuste mécanisme antagoniste d'inhibition. C'est cela, l'intelligence, résister ! Penser, c'est toujours penser contre soi.

Glossaire

Algorithme de rétropropagation de l'erreur. Lorsqu'un système d'apprentissage automatique commet une erreur en sortie (sa réponse), cela va entraîner en amont une reconfiguration du réseau de neurones artificiels selon une fonction mathématique complexe qui augmente ou diminue la force (le poids) de certaines connexions entre neurones du réseau. C'est par cette rétropropagation de l'erreur que le système se corrige peu à peu et apprend. Un tel algorithme, associé aujourd'hui à la très grande puissance de calcul des ordinateurs et à une quantité de données considérable (big data), est au cœur des nouveaux systèmes d'intelligence artificielle (IA).

Amorçage négatif (*versus* positif). C'est le nom d'un effet et, par extension, d'un paradigme de psychologie expérimentale qui permet de tester l'implication d'un processus d'inhibition dans des tâches d'attention sélective. Soit une situation où l'individu doit dans une première phase (a) répondre en fonction de S1 (le stimulus pertinent) en ignorant S2 (le stimulus non pertinent). Supposons, dans une seconde phase (b), que l'individu, sans qu'il s'y attende, doive répondre en fonction de S2 ou, dans une autre condition (contrôle), en fonction de S3 (un nouveau stimulus). Selon la conception de l'attention par *activation*, lors de la première phase de la procédure (a), S2 doit se dissiper passivement dans le temps. Si l'effet de S2 n'est pas encore complètement dissipé en mémoire lors de la seconde phase de la procédure (b), alors le traitement de S2 (qui est devenu le stimulus pertinent) doit être facilité par rapport à celui de S3 : c'est l'amorçage positif (*priming effect* en anglais), généralement mesuré en chronométrie mentale par une réduction du temps de réaction (TR). Toujours selon la même conception, si l'effet initial de S2 est totalement dissipé en mémoire lorsqu'on passe à la seconde phase de la procédure, alors le traitement de S2 ne doit pas différer de celui de S3. L'autre point de vue, celui de l'attention par *inhibition*, conduit à une prédiction inverse. Dans ce cas, S2 étant initialement inhibé, c'est-à-dire activement bloqué, son effet ne subsiste aucunement en mémoire. Dès lors, S2 doit être plus difficile à traiter, à réactiver (temps plus long) que S3 en raison de son inhibition préalable : c'est l'amorçage négatif. Initialement appliqué à des stimulus à inhiber ou à activer, ce paradigme expérimental a été développé et enrichi par mon laboratoire du CNRS pour tester l'inhibition interne de stratégies cognitives en mémoire de travail (MdT), lors de multiples tâches logico-mathématiques et scolaires. Il se mesure le plus souvent sur les TR, mais peut aussi se mesurer sur le nombre d'erreurs commises par l'individu de l'expérience (qui s'accroît avec l'amorçage négatif).

Analyse factorielle. Technique statistique utilisée sur un ensemble de *n* variables *observées* sur *N* individus, ensemble au sein duquel on constate l'existence de *corrélations* entre variables. L'hypothèse est qu'il existe d'autres variables sous-jacentes non directement observables, les *facteurs*, qui, ayant chacune un effet sur deux ou plusieurs variables observables, expliquent leurs corrélations et une partie au moins de la dispersion de chacune.

Apprentissage automatique (*machine learning*) **supervisé ou non supervisé.** C'est un apprentissage statistique qui permet à l'ordinateur d'apprendre à partir d'exemples : analyse d'images, compréhension de la parole, traduction des langues, analyse de données médicales, etc. Il est en général *supervisé*, c'est-à-dire réalisé à partir de grandes bases de données *annotées ou étiquetées par des humains* (par exemple : c'est un visage féminin ou masculin ; il y a un chien dans cette image, une tumeur dans cette radio, etc.). L'apprentissage supervisé peut aussi être guidé par des renforcements positifs ou négatifs. C'est de l'intelligence artificielle (IA) dite « faible », car elle fonctionne toujours avec une supervision humaine. Dans l'apprentissage *non supervisé*, l'algorithme cherche tout seul à expérimenter et déduire de ses expériences. Les humains restent bien meilleurs que les ordinateurs pour ce type d'apprentissage.

Apprentissage profond (*deep learning*). C'est une technique particulière d'apprentissage automatique (*machine learning* en anglais) qui utilise plusieurs couches de neurones artificiels capables d'extraire, analyser et catégoriser les caractéristiques abstraites de données qui leur sont présentées. Par exemple, l'apprentissage profond permet de reconnaître des visages. En s'inspirant de l'architecture du cortex visuel humain, dont différentes couches de neurones successives extraient et analysent des caractéristiques de plus en plus complexes d'une scène visuelle, les systèmes de reconnaissance de visages actuels s'appuient sur des réseaux de neurones artificiels comprenant plusieurs couches « cachées » dédiées à différents niveaux d'analyse de l'image : contours, éléments faciaux, visages. Grâce à un algorithme dit de « rétropropagation de l'erreur », à partir de dizaines de milliers d'essais, les processeurs du système apprennent et finissent par réussir à reconnaître les visages.

Assimilation (*versus* accommodation). En psychologie comme en biologie, l'assimilation est le processus par lequel un objet du milieu est directement appréhendé par la structure de l'organisme. Inversement, l'accommodation est le processus par lequel la structure de l'organisme se modifie pour s'ajuster au milieu. Piaget voyait dans cette dynamique psychobiologique, qui régissait les actions de l'enfant, le moteur même du développement de l'intelligence par équilibrations et autorégulations internes successives.

Big data. Ensemble, parfois gigantesque, des données disponibles pour être collectées ou transmises par les machines.

Conditionnel, si-alors. Le raisonnement conditionnel correspond aux énoncés (ou règles) de la forme *si-alors* : la partie « Si... » (l'antécédent) correspond à l'hypothèse et la partie « alors... » (le conséquent) à la déduction. Techniquement, les deux formes du raisonnement déductif, syllogismes et règles conditionnelles, sont liées. Un syllogisme comme a) *tous les hommes sont mortels* et b) *Socrate est un homme*, alors c) *Socrate est mortel*, peut, en effet, être transformé en une seule proposition complexe de la forme *Si tous les... – et si... – alors...*, soit une proposition conditionnelle avec une distribution réglée de termes quantifiés (tels que « tous ») où l'on retrouvera les hommes, les mortels et Socrate. C'est pourquoi la notion de raisonnement hypothético-déductif, comme chez Piaget, recouvre à la fois les règles conditionnelles et les syllogismes.

Contrefactuel. Propriété d'une émotion ou d'un raisonnement qui, comme son nom l'indique, va contre les faits, c'est-à-dire envisage une situation qui n'est pas réalisée et en tire les conséquences dans le monde ainsi transformé. Par exemple, le regret est une émotion contrefactuelle où il s'agit d'imaginer et de préférer que l'action (le fait) ne soit pas survenue. Du point de vue du raisonnement, les si-alors contrefactuels sont des conditionnels du type *Si tu avais travaillé, tu aurais réussi ton examen* (on comprend que le fait réel est qu'il ou elle n'a pas travaillé et qu'il ou elle a raté son examen).

Darwinisme neuronal ou neural-mental. Développement de la pensée évolutionniste de Charles Darwin (1809-1882) en neurosciences et en psychologie selon un schéma de variation-sélection des populations de neurones. Le neurobiologiste Jean-Pierre Changeux en est l'artisan en France. Il a ainsi généralisé le schéma darwinien à l'interaction entre le système nerveux et le monde extérieur durant le développement postnatal, du bébé à l'adulte, lors de l'acquisition des fonctions cognitives supérieures. L'évolution se réalise toutefois, dans ce cas, à l'intérieur du cerveau (épigenèse synaptique) sans changement nécessaire du matériel génétique et dans des échelles temporelles courtes : des mois, des jours, des heures, des minutes, jusqu'à des fractions de seconde pour la réorganisation des stratégies cognitives au cours des apprentissages.

Embryogenèse. Processus de développement de l'embryon humain après la fécondation, où se mettent en particulier en forme le système nerveux central et le cerveau du futur bébé, encore dans le ventre de sa mère.

Épigenèse, épigénétique. Phase de superposition à (du grec *épi*, « au-dessus de ») l'action initiale des gènes, durant la formation (*genesis*) et le développement ultérieur de l'enfant. L'épigénétique est la discipline de la biologie qui étudie la nature des mécanismes modifiant l'expression des gènes sous l'effet de l'environnement.

Épistémologie. C'est 1) l'étude critique des sciences, de leur origine, leur valeur, leur portée (objet de la philosophie des sciences), mais aussi 2) une théorie générale de la connaissance : qu'est-ce que la connaissance, comment l'acquiert-on ? (objet de la psychologie du développement ou « épistémologie génétique », au sens d'ontogenèse, selon l'expression de Piaget).

Fonctions exécutives (FE). Fonctions du cortex préfrontal, à l'avant du cerveau, qui contrôlent l'exécution des conduites, le choix des stratégies et la prise de décision. Les principales FE sont : 1) l'inhibition (résister aux habitudes ou automatismes, aux tentations, distractions ou interférences, etc.), 2) le *switching* ou flexibilité (s'ajuster au changement par inhibition/activation) et 3) la mémoire de travail (maintenir et manipuler mentalement des informations et/ou instructions). Elles jouent un rôle important dans le développement cognitif et scolaire des enfants, notamment *via* le contrôle inhibiteur (CI), et encore durant la vie adulte et professionnelle. L'inhibition est le mécanisme clé qui permet de résister aux heuristiques et biais cognitifs erronés.

Heuristiques et biais cognitifs. En psychologie, les heuristiques sont des stratégies très rapides, très efficaces – donc économiques pour le cerveau –, qui fonctionnent (ou « marchent ») très bien, très souvent, *mais pas toujours*. Elles sont approximatives, à la différence des algorithmes exacts qui sont des stratégies plus lentes et réfléchies, analytiques, avec un effort cognitif, et qui (appliquées sans erreur ou bug) conduisent *toujours* à la bonne solution. Comme l'a démontré le psychologue Daniel Kahneman, lauréat du prix Nobel d'économie en 2002, les heuristiques de jugement et de prise de décision chez l'homme sont souvent associées à des biais cognitifs, c'est-à-dire des tendances systématiques à prendre en compte des facteurs non pertinents pour la tâche à résoudre et à ignorer les facteurs pertinents. Kahneman désigne ces heuristiques et biais de l'esprit humain par le système 1, opposé aux règles logiques ou algorithmes, le système 2. À noter que pour les informaticiens *tout* est algorithme : ils distinguent simplement des algorithmes heuristiques et des algorithmes exacts.

Hypothético-déductif. Voir *Conditionnel, si-alors.*

Imagerie par résonance magnétique (IRM). L'imagerie par résonance magnétique permet de mesurer, au millimètre près, la forme ou structure du cerveau (IRM anatomique) mais aussi son activité, toutes les secondes, lorsqu'il travaille ou fonctionne (IRM fonctionnelle) pour résoudre un problème, une tâche cognitive. Les tissus du cerveau ont des propriétés magnétiques liées à l'oxygène. L'aimant incroyablement puissant de l'IRM arrive à les repérer et à les mesurer. Avec ce procédé, on localise les groupes de neurones au moment précis où ils travaillent car ils ont besoin que le sang leur apporte du sucre et, en même temps, de l'oxygène. La machine d'IRM est reliée à un ordinateur qui enregistre et reconstruit en images 3D « le cerveau en action » de l'enfant ou de l'adulte. L'auteur de cet ouvrage a été le premier en France à utiliser cette technologie pour explorer les processus d'apprentissage et d'intelligence dans le cerveau d'enfants d'école maternelle et élémentaire, avec accord de leurs parents et validation préalable des protocoles expérimentaux par un comité d'éthique.

Intelligence (ou raisonnement) fluide. C'est une forme de raisonnement qui correspond à la capacité de penser logiquement et de résoudre des problèmes, par déduction ou induction, dans des situations nouvelles, *indépendamment des connaissances acquises* qui correspondent, inversement, à l'intelligence dite « cristallisée ». On décompose ainsi le facteur G d'intelligence générale en Gf (fluide) et Gc (cristallisée).

Machine de Turing. C'est un modèle de la notion de calcul imaginé par le mathématicien Alan Turing (1912-1954). Il s'agit d'une extension de la notion d'automate, ancêtre de l'ordinateur : les symboles d'entrée ont été inscrits sur un ruban et les transitions ont pour effet de déplacer « la tête de lecture » sur ce ruban et éventuellement de modifier les symboles qui s'y trouvent. La construction effective d'une telle machine serait futile (on parle de « machine abstraite »), car ce modèle se révèle inutilisable pour des calculs pratiques, mais la possibilité théorique de la construire joue un rôle important dans la démonstration de la calculabilité de nombreuses classes de problèmes.

Mémoire de travail (MdT). La mémoire de travail, située dans le cortex préfrontal, en connexion étroite avec le cortex pariétal (réseau fronto-pariétal), maintient et manipule de façon temporaire les informations nécessaires aux activités cognitives en cours (c'est le sens de « travail »), qu'il s'agisse d'informations nouvelles *in situ* (perceptions) ou déjà stockées en mémoire à long terme et réactivées. La MdT a une capacité limitée (7 ± 2 items) et réalise elle-même un « partage du travail » en trois sous-composantes. La première d'entre elles est l'*administrateur central* qui mobilise les fonctions exécutives (FE), l'attention sélective, et conduit aux prises de décision. Cet administrateur est lui-même assisté de deux systèmes dits « esclaves » : la *boucle phonologique* qui maintient les informations verbales et le *registre* (ou *calepin*) *visuo-spatial* qui maintient les formes et localisations des objets.

Neurone. Unité de base du cerveau, le neurone est une cellule nerveuse composée d'un corps cellulaire, avec un noyau, et de petites antennes, les dendrites, qui permettent la communication entre les neurones. Il possède aussi un axone unique, sorte de tube long parfois de 10 centimètres (jusqu'à 1 mètre dans le corps, *via* la colonne vertébrale) qui transmet l'information aux autres neurones. Le cerveau est constitué d'environ quatre-vingts milliards de neurones et un million de milliards de connexions ou synapses. Soit un réseau plus complexe qu'Internet. Les systèmes d'intelligence artificielle s'inspirent de ces neurones biologiques et de leurs connexions pour construire des réseaux simplifiés de neurones artificiels.

Phylogenèse/ontogenèse. Phylogenèse, du grec *phûlon*, la « tribu », et *genesis*, l'« origine » : donc, ici, l'origine des hommes ; ontogenèse, du grec *ôn*, *ontos*, l'« être, ce qui est », et *genesis*, l'« origine », c'est-à-dire le développement d'un enfant particulier, de la fécondation à l'état adulte.

Plasticité (cérébrale, neuronale). Capacité du cerveau à modifier ses réseaux de neurones pour apprendre ou s'adapter à des situations nouvelles.

Psychométrie. Théorie et technologie des instruments de mesure en psychologie : le temps de réaction (TR) en laboratoire, par exemple, mais aussi le score aux tests tels ceux du quotient intellectuel (QI).

Psychophysique. La psychophysique, discipline fondatrice de la psychologie expérimentale à la fin du XIXe siècle (sous l'impulsion de Gustave Fechner et Wilhelm Wundt en Allemagne), évalue le lien entre l'intensité d'un stimulus et la sensation psychologique qu'il déclenche, mesurée par le temps de réaction (TR) du sujet de l'expérience. Il en a été déduit de nombreuses lois du comportement. Aujourd'hui, la psychologie neuroscientifique considère qu'en amont des comportements, la cognition et le cerveau humains obéissent aussi à des lois strictes qui n'épargnent pas même les aspects les plus subjectifs de la conscience (le « code » de la conscience). C'est un renouveau du programme de la psychophysique qui, dans ce cadre, devient une « neurophysique », directement articulée avec la mesure de l'activité neuronale, combinée à celle plus classique du TR.

Réalisme (*versus* constructivisme). Comme le suggérait déjà Platon, les réalistes pensent que la réalité mathématique (ou logico-mathématique) existe indépendamment de toute investigation humaine. Elle n'est donc construite ni par le cerveau ni par la psychologie. Ce débat oppose le constructivisme cérébral en neurosciences (Jean-Pierre Changeux par exemple) et le réalisme en mathématiques. Alain Connes s'est ainsi opposé à Changeux dans *Matière à pensée* (1989), le premier défendant le point de vue réaliste de la plupart des mathématiciens (tel Cédric Villani aujourd'hui). Connes concède toutefois, à propos de cette réalité mathématique : « Nous ne la percevons que grâce à notre cerveau, au prix, comme disait Valéry, d'un mélange rare de concentration et de désir[1]. »

Réseau neuronal. Les neurones, très nombreux dans le cerveau (quatre-vingts milliards), se connectent entre eux *en réseaux* pour réaliser un travail cognitif particulier et pour apprendre. Il y a ainsi de multiples réseaux neuronaux enchevêtrés dans le cerveau, reliés à courte ou longue distance.

Singularité. La singularité technologique est l'hypothèse d'un emballement de l'intelligence artificielle (IA), dont les progrès exponentiels des nouvelles générations d'IA feraient d'elles une superpuissance qui prendrait le dessus sur le cerveau biologique et l'intelligence humaine. Cela induirait des changements imprévisibles et une perte de contrôle, de pouvoir, des hommes sur le monde et leur destinée.

Sophisme et paralogisme. Le sophisme désigne un raisonnement erroné, quoique valide en apparence, construit dans l'intention de tromper. Le paralogisme est aussi un raisonnement erroné mais sans intention de tromper et dont l'auteur est lui-même la première victime (tels les biais cognitifs de raisonnement). Dans la Grèce antique, le philosophe Aristote (384-322 av. J.-C.) a inventé les syllogismes – qui sont une forme d'algorithme de raisonnement exact, valide – pour lutter contre les paralogismes et surtout les sophismes de ses contemporains, du nom des sophistes, orateurs éloquents et itinérants de l'époque en Grèce, dont le seul but était de persuader les auditoires (dans leurs intérêts), bien souvent au mépris de la vérité. Ce sont les phénomènes de *fake news* aujourd'hui *via* Internet et les réseaux sociaux.

Syllogismes. Schéma de raisonnement déductif du type : si a) *tous les hommes sont mortels* et b) *Socrate est un homme*, alors c) *Socrate est mortel.* Cet exemple scolaire a été formulé en ces termes concrets (hommes, mortels et Socrate) au Moyen Âge par Guillaume d'Occam (1285-1347) « selon l'esprit » du raisonnement rigoureux d'Aristote. Ce dernier utilisait plutôt des schémas syllogistiques abstraits sur des variables. C'est l'exemple d'Occam que l'histoire a retenu en raison de sa qualité pédagogique. Cette forme de raisonnement a-b-c se définit comme une inférence formée de deux prémisses (les deux premières phrases, a-b) et d'une conclusion (la troisième, c). Tout syllogisme implique trois termes qui apparaissent chacun deux fois (ici, *homme*, *mortel* et *Socrate*), soit dans une prémisse et dans la conclusion (c'est le cas de *mortel* et de *Socrate*), soit dans chacune des prémisses *(homme)*. L'inférence déductive est l'opération cognitive qui réalise l'enchaînement entre les prémisses et la conclusion.

Syntaxe (*versus* sémantique). Grammaire formelle d'un langage indépendamment du sens (sémantique) de ses énoncés. Par extension, une règle logique – qui est par définition indépendante des contenus sur lesquels elle porte – est dite « syntaxique ». C'est le cas des règles de la logique mentale en psychologie.

Tomographie par émission de positons (TEP). La tomographie par émission de positons permet, comme l'IRM, de localiser les groupes de neurones du cerveau au moment précis où ils travaillent car ils ont besoin que le sang leur apporte du sucre et, en même temps, de l'oxygène. Dans le cas de la TEP, on mesure le débit sanguin cérébral dans les différentes régions du cerveau par le biais de la concentration d'une molécule d'eau radioactive injectée à l'individu qui passe l'expérience (avec une dose *très faible* de radioactivité artificielle, sans danger pour lui). Par précaution, on n'utilise toutefois pas cette technique invasive (injection) avec des enfants ou des femmes adultes enceintes ou susceptibles de l'être. Avec les enfants, c'est l'IRM, technique non invasive, qui est utilisée.

Variation-sélection synaptique. Dans le cerveau humain, les contacts à l'arrivée d'un neurone, *via* ses dendrites, et au départ, c'est-à-dire au bout de son axone, se font par des petites structures chimiques appelées synapses. Au cours du développement de l'enfant, dans l'épigenèse (phase de superposition à l'action des gènes, après la naissance), l'apprentissage neuronal se fait par 1) *la croissance*, quelque peu au hasard des contacts entre neurones, 2) *l'exubérance transitoire* et 3) *la sélection de distributions* (ou géométries) particulières de contacts synaptiques, selon les interactions de l'enfant avec son environnement perceptif, cognitif, social et culturel.

Vicariance. C'est l'une des plus belles formes de la variabilité biologique. En médecine, il s'agit de la suppléance fonctionnelle d'un organe (ou d'une partie d'un organe) par un (ou une) autre. En psychologie, c'est le fait que le cerveau puisse chez un même individu (*intra*) ou chez des individus différents (*inter*) emprunter des chemins neuronaux différents (ou stratégies cognitives) pour atteindre le même but. C'est une forme de plasticité.

Notes

CHAPITRE 1

À la découverte de l'intelligence des enfants

1. Jean Piaget et Bärbel Inhelder, *La Psychologie de l'enfant,* PUF, 1966.
2. Olivier Houdé, *La Psychologie de l'enfant,* PUF, 2004 ; *L'École du cerveau. De Montessori, Freinet et Piaget aux sciences cognitives,* Mardaga, 2018.
3. Elizabeth Spelke, « Core knowledge », *American Psychologist,* 2000, 55, p. 1233-1243 ; Karen Wynn, « Findings of addition and subtraction in infants are robust and consistent », *Child Development,* 2000, 71, p. 1535-1536 ; Kristine Onishi et Renée Baillargeon, « Do 15-month-old infants understand false beliefs ? », *Science,* 2005, 308, p. 255-258 ; J. Kiley Hamlin *et al.*, « Social evaluation by preverbal infants », *Nature,* 2007, 450, p. 557-560 ; Alison Gopnik, « Scientific thinking in young children », *Science,* 2012, 337, p. 1623-1627 ; Ghislaine Dehaene et Elizabeth Spelke, « The infancy of the human brain », *Neuron,* 2015, 88, p. 93-109.
4. Olivier Houdé, *Le Raisonnement,* PUF, 2014.
5. Daniel Kahneman, *Système 1, système 2. Les deux vitesses de la pensée,* Flammarion, 2012.
6. De la même façon que l'a modélisé le psychologue Robert Siegler dans *Intelligence et développement de l'enfant,* De Boeck, 2000 ; *Enfant et raisonnement,* De Boeck, 2001.
7. Olivier Houdé, *Apprendre à résister,* Le Pommier, 2014.
8. Daniel Kahneman, *Système 1, système 2, op. cit.*
9. Sylvain Moutier *et al.*, « Syllogistic reasoning and belief-bias inhibition in school children », *Developmental Science*, 2006, 9, p. 166-172.
10. Jean-Pierre Changeux, *L'Homme de vérité,* Odile Jacob, 2002 ; B. J. Casey *et al.*, « Imaging the developing brain : What have we learned about cognitive development ? », *Trends in Cognitive Sciences,* 2005, 9, p. 104-110.
11. Olivier Houdé, « Inhibition and cognitive development : Object, number, categorization, and reasoning », *Cognitive Development,* 2000, 15, p. 63-73.
12. Olivier Houdé et Élodie Guichart, « Negative priming effect after inhibition of number/length interference in a Piaget-like task », *Developmental Science*, 2001, 4, p. 71-74.

13. Grégoire Borst *et al.*, « Inhibitory control in number-conservation and class-inclusion tasks : A neo-Piagetian intertasks priming study », *Cognitive Development*, 2012, 27, p. 283-298.
14. Florent Meyniel et Stanislas Dehaene, « Brain networks for confidence weighting and hierarchical inference during probabilistic learning », *PNAS*, 2017, 114, p. 3859-3868.
15. Maria Montessori, *L'Enfant*, Desclée de Brouwer, 2004, p. 56 (éd. originale, 1936).
16. Olivier Houdé *et al.*, « Functional MRI study of Piaget's conservation-of-number task in preschool and school-age children : A neo-piagetian approach », *Journal of Experimental Child Psychology*, 2011, 110, p. 332-346.
17. Sue Antell et Daniel Keating, « Perception of numerical invariance in neonates », *Child Development*, 1983, 54, p. 695-701.
18. Stanislas Dehaene, *La Bosse des maths, 15 ans après*, Odile Jacob, 2010.
19. Wim Fias *et al.*, « Parietal representation of symbolic and nonsymbolic magnitude », *Journal of Cognitive Neuroscience*, 2003, 15, p. 47-56 ; Philippe Pinel *et al.*, « Distributed and overlapping cerebral representations of number, size, and luminance during comparative judgments », *Neuron*, 2004, 41, p. 983-993.
20. Olivier Houdé, *Le Raisonnement*, *op. cit.*
21. Daniel Kahneman, *Système 1, système 2*, *op. cit.*
22. Amélie Lubin *et al.*, « Inhibitory control is needed for the resolution of arithmetic word problems : A developmental negative priming study », *Journal of Educational Psychology*, 2013, 105, p. 701-708.
23. Stanislas Dehaene, *Les Neurones de la lecture*, Odile Jacob, 2007.
24. Grégoire Borst *et al.*, « The cost of blocking the mirror-generalization process in reading », *Psychonomic Bulletin and Review*, 2015, 22, p. 228-234.
25. Emmanuel Arh, Olivier Houdé et Grégoire Borst, « Inhibition of the mirror-generalization process in reading in school-aged children », *Journal of Experimental Child Psychology*, 2016, 145, p. 157-165.
26. Adele Diamond *et al.*, « Preschool program improves cognitive control », *Science*, 2007, 318, p. 1387-1388 ; Adele Diamond et Kathleen Lee, « Interventions shown to aid executive function development in children 4 to 12 years old », *Science*, 2011, 333, p. 959-964 ; Adele Diamond, « Why assessing and improving executive functions early in life is critical », *in* James Griffin, Peggy McCardle et Lisa Freund (dir.), *Executive Function in Preschool-age Children : Integrating Measurement, Neurodevelopment, and Translational Research*, American Psychological Association, 2016, p. 11-43 ; Adele Diamond et Daphne Ling, « Conclusions about interventions, programs, and approaches for improving executive functions that appear justified and those that, despite much hype, do not », *Developmental Cognitive Neuroscience*, 2016, 18, p. 34-48.
27. Lorie-Marlène Brault Foisy *et al.*, « Blocking our brain : When we need to inhibit repetitive mistakes ! », *Frontiers for Young Minds*, 2015, doi:10.3389/frym.2015.00017.

28. Ania Aïte *et al.*, « Taking a third-person perspective requires inhibitory control : Evidence from a developmental negative priming study », *Child Development*, 2016, 87, p. 1825-1840.
29. Olivier Houdé, *Apprendre à résister. Pour l'école, contre la terreur*, Le Pommier, 2017 (nouvelle édition augmentée).
30. Jean-Pierre Changeux, *La Beauté dans le cerveau*, Odile Jacob, 2016.

CHAPITRE 2
L'intelligence (humaine) n'est pas un algorithme

1. Le mot robot vient du tchèque *robota* qui signifie « travail, besogne, corvée ». Il a été créé par le frère de l'écrivain Karel Capek qui l'utilisa pour la première fois en 1920 dans la pièce de théâtre de science-fiction *R.U.R.* (*Rossum's Universal Robots*).
2. Serge Abiteboul et Gilles Dowek, *Le Temps des algorithmes*, Le Pommier, 2017.
3. Il y a eu toutefois, dans la Grèce antique, l'algorithme d'Euclide (vers 300 av. J.-C.) permettant de déterminer le plus grand commun diviseur (PGCD) de deux nombres entiers.
4. Jacques Pitrat, « La naissance de l'intelligence artificielle », *La Recherche*, 1985, 170, p. 1130-1141.
5. Olivier Houdé *et al.* (dir.), *Vocabulaire de sciences cognitives*, PUF, collection « Quadrige », 2003.
6. Hubert Dreyfus, *Intelligence artificielle. Mythes et limites*, Flammarion, 1984.
7. Jean-Gabriel Ganascia, *L'Intelligence artificielle*, Le Cavalier bleu, 2015.
8. Michael Posner et Marcus Raichle, *L'Esprit en images*, De Boeck, 1998 ; Olivier Houdé, Bernard Mazoyer et Nathalie Tzourio-Mazoyer (dir.), *Cerveau et psychologie. Introduction à l'imagerie cérébrale anatomique et fonctionnelle*, PUF, 2002.
9. Thomas Davenport et Rajeev Ronanki, « L'intelligence artificielle dans le monde réel : ne visez pas la lune », *Harvard Business Review*, 2018, 27, p. 28-37.
10. https://www.maddyness.com/2018/07/30/intelligence-artificielle-arnaque/.
11. Serge Abiteboul et Gilles Dowek, *Le Temps des algorithmes*, *op. cit.*, p. 29.
12. Gérard Berry, *L'Hyperpuissance de l'informatique. Algorithmes, données, machines, réseaux*, Odile Jacob, 2017.
13. Claire Calmet, Mathieu Hirtzig et David Wilgenbus, *1, 2, 3... Codez ! Enseigner l'informatique à l'école et au collège* (tomes I et II), Le Pommier, 2017 et 2018.
14. Gérard Berry, *L'Hyperpuissance de l'informatique*, *op. cit.*, p. 430.
15. Olivier Houdé, *La Psychologie de l'enfant*, *op. cit.* ; *Apprendre à résister*, *op. cit.*
16. Daniel Kahneman, *Système 1, système 2*, *op. cit.*
17. Jean Piaget, *La Psychologie de l'intelligence*, Armand Colin, 2012 (éd. originale, 1947) ; Bärbel Inhelder et Jean Piaget, *La Genèse des structures logiques élémentaires*, Delachaux et Niestlé, 1959 ; Jean Piaget et Bärbel Inhelder, *La Psychologie de l'enfant*, *op. cit.*
18. Voir, pour une synthèse mise en contexte historique, Olivier Houdé, *L'École du cerveau*, *op. cit.* ; voir aussi Olivier Houdé et Grégoire Borst (dir.), *Le Cerveau et les Apprentissages*, Nathan, 2018.

19. B. J. Casey *et al.*, « Imaging the developing brain : What have we learned about cognitive development ? », art. cit.
20. Adele Diamond *et al.*, « Preschool program improves cognitive control », art. cit. ; Adele Diamond et Kathleen Lee, « Interventions shown to aid executive function development in children 4 to 12 years old », art. cit. ; Terrie Moffitt, « A gradient of childhood self-control predicts health, wealth, and public safety », *PNAS*, 2011, 108, p. 2693-2698 ; Adele Diamond, « Executive functions », *Annual Review of Psychology,* 2013, 64, p. 135-168 ; Olivier Houdé, *Apprendre à résister, op. cit* ; Grégoire Borst, « Les fonctions exécutives », *in* Olivier Houdé et Grégoire Borst (dir.), *Le Cerveau et les Apprentissages, op. cit.*, p. 183-201.
21. Alain Berthoz, *La Vicariance,* Odile Jacob, 2013.
22. Jean-Pierre Changeux et Antoine Danchin, « Selective stabilisation of developing synapses as a mechanism for the specification of neuronal network », *Nature,* 1972, 264, p. 705-712 ; Jean-Pierre Changeux, *L'Homme neuronal,* Fayard, 1983 ; *L'Homme de vérité, op. cit.* ; *Du vrai, du beau, du bien,* Odile Jacob, 2008 ; « Synaptic epigenesis and the evolution of higher brain functions », *in* Paolo Corsi et Yves Christen (dir.), *Epigenetics, Brain and Behavior,* Springer-Verlag, 2012, p. 11-22 ; *L'Homme neuronal, trente ans après,* Éditions Rue d'Ulm, 2016 ; « Climbing brain levels of organization from genes to consciousness », *Trends in Cognitive Sciences,* 2017, 21, p. 168-181 ; « Apprendre avec ses neurones », *in* Olivier Houdé et Grégoire Borst (dir.), *Le Cerveau et les Apprentissages, op. cit.*, p. 13-39.
23. Yann Le Cun, « Intelligence artificielle : n'allons pas trop vite », *Le Point,* 2018, 2369, p. 66.
24. *Ibid.*
25. Yoshua Bengio, « Cap sur l'apprentissage profond (entretien) », *Sciences Psy,* 2018, 13, p. 30-33.
26. Alexandre Luria, *Les Fonctions corticales supérieures de l'homme,* PUF, 1985 (éd. originale, 1962) ; Joaquin Fuster, *The Prefrontal Cortex,* Raven Press, 1997 ; *Cortex and Mind,* Oxford University Press, 2003.
27. Olivier Houdé *et al.*, « Shifting from the perceptual brain to the logical brain : The neural impact of cognitive inhibition training », *Journal of Cognitive Neuroscience,* 2000, 12, p. 721-728 ; Olivier Houdé et Nathalie Tzourio-Mazoyer, « Neural foundations of logical and mathematical cognition », *Nature Reviews Neuroscience,* 2003, 4, p. 507-514 ; Olivier Houdé, « First insights on neuropedagogy of reasoning », *Thinking and Reasoning,* 2007, 13, p. 81-89.
28. Aylin Caliskan, Zoanna Bryson et Arvind Narayanan, « Semantics derived automatically from language corpora contain human-like biases », *Science*, 2017, 356, p. 183-186.
29. Tariq Krim, interview pour le dossier « Comment reprendre le contrôle ? », *Le Point,* 2018, 2369, p. 51.
30. https://www.aiforhumanity.fr/.
31. Gérard Berry, *L'Hyperpuissance de l'informatique, op. cit.*, p. 302.
32. Jonathan Evans *et al.*, « On the conflict between logic and belief in syllogistic reasoning », *Memory and Cognition*, 1983, 11, p. 295-306 ; Wim De Neys et Elke Van

Gelder, « Logic and belief across the life span : The rise and fall of belief inhibition during syllogistic reasoning », *Developmental Science,* 2008, 12, p. 123-130 ; Daniel Kahneman, *Système 1, système 2, op. cit.* ; Olivier Houdé, *Le Raisonnement, op. cit.*
33. David Lazer *et al.*, « The science of fake news », *Science,* 2018, 359, p. 1094-1096.
34. Marvin Minsky, *La Société de l'esprit,* InterÉditions, 1988 ; Olivier Houdé, « Inhibition and cognitive development : Object, number, categorization, and reasoning », art. cit.
35. Robert Zajonc, « Feeling and thinking : Preferences need no inferences », *American Psychologist,* 1980, 35, p. 151-175 ; Melissa Finucane *et al.*, « The affect heuristic in judgment of risks and benefits », *Journal of Behavioral Decision Making,* 2000, 13, p. 1-17 ; Daniel Kahneman, *Système 1, système 2, op. cit.*
36. Olivier Houdé, *Apprendre à résister, op. cit.*

CHAPITRE 3
La mesure de l'intelligence

1. Olivier Houdé, *L'Histoire de la psychologie,* PUF, 2016.
2. Stefano Mancuso, *L'Intelligence des plantes,* Albin Michel, 2018 ; « Plant neurobiology : An integrated view of plant signaling », *Trends in Plant Science,* 2006, 11, p. 413-419. Quant à l'intelligence ou cognition animale, elle n'est plus à prouver aujourd'hui : Jacques Vauclair, *L'Intelligence animale,* Seuil, 2017.
3. Voir pour une description détaillée Jacqueline Bideaud, Olivier Houdé et Jean-Louis Pédinielli, *L'Homme en développement,* PUF, 2015 (1re éd., 1993).
4. Jean-Pierre Changeux, *L'Homme neuronal, op. cit.* ; *L'Homme de vérité, op. cit.* ; *Du vrai, du beau, du bien, op. cit.* ; « Synaptic epigenesis and the evolution of higher brain functions », art. cit. ; *L'Homme neuronal, trente ans après, op. cit.* ; « Climbing brain levels of organization from genes to consciousness », art. cit. ; « Apprendre avec ses neurones », art. cit. Voir aussi : Gerald Edelman, *Biologie de la conscience,* Odile Jacob, 1992 ; Gerald Edelman et Giulio Tononi, *Comment la matière devient conscience,* Odile Jacob, 2002 ; Gerald Edelman, *Plus vaste que le ciel. Une nouvelle théorie générale du cerveau,* Odile Jacob, 2004.
5. Charles Spearman, « General intelligence objectively determined and measured », *American Journal of Psychology,* 1904, 15, p. 201-292 ; « The abilities of man », *Science,* 1928, 68, p. 38.
6. Pour la suite de ce courant différentialiste, voir Michel Huteau et Jacques Lautrey, *Évaluer l'intelligence. Psychométrie cognitive,* PUF, 1999, et l'œuvre de Maurice Reuchlin (1920-2015), le plus éminent représentant de ce courant en France : *La Psychologie différentielle,* PUF, 2006.
7. Direction assurée sous la haute supervision du philosophe Théodule Ribot, premier promoteur de la psychologie scientifique en France, membre de l'Académie des sciences morales et politiques, et Louis Liard, membre de la même académie et recteur de Paris (directeur de l'enseignement supérieur) à la Sorbonne. Ce laboratoire historique de la Sorbonne existe toujours aujourd'hui, doté des technologies informatisées les plus modernes de chronométrie mentale et d'imagerie cérébrale,

labellisé par le Centre national de la recherche scientifique (CNRS) au 46, rue Saint-Jacques à Paris. Il a été dirigé de 1998 à 2018 par l'auteur de ce livre, élu lui-même en 2018 à l'Académie des sciences morales et politiques.

8. Alfred Binet et Théodore Simon, « Méthodes nouvelles pour le diagnostic du niveau intellectuel des anormaux », *L'Année psychologique,* 1905, 11, p. 191-244 ; « Le développement de l'intelligence chez les enfants », *L'Année psychologique,* 1908, 14, p. 1-95.
9. Maurice Reuchlin, « L'intelligence », *in* Henriette Bloch *et al.* (dir.), *Grand dictionnaire de la psychologie*, Larousse, 1991, p. 391-393.
10. Raymond Cattell, *Abilities : Their Structure, Growth, and Action*, Houghton Mifflin, 1971 ; John Carroll, *Human Cognitive Abilities : A Survey of Factor-Analytic Studies*, Cambridge University Press, 1993 ; Kewin McGrew et Barbara Wendling, « Cattell-Horn-Carroll cognitive-achievement relations : What we have learned from the past 20 years of research », *Psychology in the Schools*, 2010, 47, p. 651-675. Pour une synthèse, voir : Jacques Grégoire, « L'évaluation de l'intelligence en question », *in* Martine Fournier et Roger Lécuyer (dir.), *L'Intelligence de l'enfant*, Sciences Humaines Éditions, 2009, p. 78-106.
11. Howard Gardner, *Les Formes de l'intelligence*, Odile Jacob, 1997. Le QI a suscité en pédagogie – par réaction, opposition – un engouement pour la théorie des intelligences multiples de Gardner qui a fait éclater l'idée d'une quantification unique et globale de l'intelligence (facteur général, dit « G »), souvent verbale et logico-mathématique, telle qu'évaluée classiquement à l'école et non fondée, par exemple, sur des capacités émotionnelles, artistiques ou sportives qui peuvent pourtant aussi correspondre à des formes de l'intelligence humaine (voir Olivier Houdé, « Plusieurs intelligences détectées dans le cerveau », *Cerveau et psycho,* 2015, 68, p. 46-53).
12. Stephen Jay Gould, *La Mal-Mesure de l'homme,* Odile Jacob, 1997.
13. Jeanne Siaud-Facchin, *L'Enfant surdoué. L'aider à grandir, l'aider à réussir*, Odile Jacob, 2012.
14. Olivier Houdé, *L'École du cerveau, op. cit.*
15. Alfred Binet, « Attention et adaptation », *L'Année psychologique,* 1900, 6, p. 248-404.
16. John Bergström, « Experiments upon physiology memory by means of the interference of associations », *American Journal of Psychology,* 1893, 5, p. 356-369 ; « The relation of the interference to the practice effect of an association », *American Journal of Psychology,* 1894, 6, p. 433-442.
17. Christophe Boujon et Karen Lemoine, « Le rôle de l'inhibition dans le contrôle attentionnel des traitements », *in* Christophe Boujon (dir.), *L'Inhibition. Au carrefour des neurosciences et des sciences de la cognition*, Solal, 2002, p. 79-104.
18. Olivier Houdé, *Rationalité, développement et inhibition. Un nouveau cadre d'analyse*, PUF, 1995 ; « Inhibition and cognitive development : Object, number, categorization, and reasoning », art. cit.
19. Olivier Houdé, « Intelligence : psychométrie, psychologie cognitive et imagerie cérébrale », *in* Jacques Lautrey et Jean-François Richard (dir.), *L'Intelligence*, Hermes Science, 2005, p. 279-287.

20. John Duncan *et al.*, « A neural basis for general intelligence », *Science,* 2000, 289, p. 457-460 ; *How Intelligence Happens*, Yale University Press, 2012.
21. Joaquin Fuster, *The Prefrontal Cortex, op. cit.* ; *Cortex and Mind, op. cit.*
22. John Duncan, Paul Burgess et Hazel Emslie, « Fluid intelligence after prefrontal lesions », *Neuropsychologia,* 1995, 33, p. 261-268 ; John Duncan *et al.*, « Intelligence and the frontal lobe », *Cognitive Psychology,* 1996, 30, p. 257-303.
23. Jeremy Gray et Paul Thompson, « Neurobiology of intelligence », *Nature Reviews Neuroscience,* 2004, 5, p. 471-482 ; Adam Hampshire *et al.*, « Fractionating human intelligence », *Neuron*, 2012, 76, p. 1225-1237 ; Ulrike Basten *et al.*, « Where smart brains are different : A quantitative meta-analysis of functional and structural brain imaging studies on intelligence », *Intelligence*, 2015, 51, p. 10-27.
24. Vivek Prabhakaran *et al.*, « Neuronal substrates of fluid reasoning », *Cognitive Psychology,* 1997, 33, p. 3-63 ; Giuseppe Esposito *et al.*, « Context-dependent, neural system-specific neurophysiological concomitants of ageing », *Brain,* 1999, 122, p. 963-979 ; Vivek Prabhakaran, Bart Rypma et John Gabrieli, « Neural substrates of mathematical reasoning », *Neuropsychology,* 2001, 15, p. 115-117.
25. Eileen Luders *et al.*, « Neuroanatomical correlates of intelligence », *Intelligence*, 2009, 37, p. 156-163 ; Steven Bressler et Vinod Menon, « Large-scale brain networks in cognition : Emerging methods and principles », *Trends in Cognitive Sciences*, 2010, 14, p. 277-290 ; Yougwoo Yoon *et al.*, « Brain structural networks associated with intelligence and visuomotor ability », *Scientific Reports*, 2017, 7, 2177 (article number).
26. Olivier Houdé *et al.*, « Shifting from the perceptual brain to the logical brain : The neural impact of cognitive inhibition training », art. cit.
27. Rex Jung et Richard Haier, « The Parieto-Frontal Integration Theory (P-FIT) of intelligence : Converging neuroimaging evidence », *Behavioral and Brain Sciences*, 2007, 30, p. 135-154 ; Ian Deary, Lars Penke et Wendy Johnson, « The neuroscience of *human* intelligence differences », *Nature Reviews Neuroscience,* 2010, 11, p. 201-211 ; Jan Gläscher *et al.*, « Distributed neural system for general intelligence revealed by lesion mapping », *PNAS*, 2010, 107, p. 4705-4709.
28. Michael Cole *et al.*, « Global connectivity of prefrontal cortex predicts cognitive control and intelligence », *Journal of Neuroscience*, 2012, 32, p. 8988-8999 ; Dea-Jin Kim *et al.*, « Children's intellectual ability is associated with structural network integrity », *NeuroImage*, 2016, 124, p. 550-556.
29. Philip Shaw *et al.*, « Intellectual ability and cortical development in children and adolescents », *Nature*, 2006, 440, p. 676-679 ; Olivier Houdé, « First insights on neuropedagogy of reasoning », art. cit. ; Michael Cole *et al.*, « Multi-task connectivity reveals flexible hubs for adaptive task control », *Nature Neuroscience*, 2013, 16, p. 1348-1355 ; Alain Berthoz, *La Vicariance, op. cit.* ; Urs Braun *et al.*, « Dynamic reconfiguration of frontal brain networks during executive cognition in humans », *PNAS*, 2015, 112, p. 11678-11683 ; Aron Barbey, « Network neuroscience : Theory of human intelligence », *Trends in Cognitive Neurosciences*, 2018, 22, p. 8-20.

CHAPITRE 4

Les algorithmes cognitifs chez l'enfant selon Piaget

1. Jean Piaget et Bärbel Inhelder, « Les opérations intellectuelles », *in* Paul Fraisse et Jean Piaget (dir.), *Traité de psychologie expérimentale*, PUF, 1963, tome VII, p. 71-116 ; *La Psychologie de l'enfant, op. cit.*
2. Jean Piaget, *L'Épistémologie génétique*, PUF, 1970.
3. Jean Piaget, *La Psychologie de l'intelligence, op. cit.* ; Olivier Houdé, « L'intelligence malgré tout », préface à Jean Piaget, *La Psychologie de l'intelligence, op. cit.*, p. 3-15.
4. Jean Piaget, *La Psychologie de l'intelligence, op. cit.*, p. 51. Comme me l'a confié Jean d'Ormesson dans une correspondance de 2012, cette très belle phrase de Piaget a été un sujet donné à l'agrégation de philosophie en 1949 (Jean d'Ormesson a « planché dessus »).
5. Il vient d'ailleurs de publier en 1941 *La Genèse du nombre chez l'enfant*, l'un de ses ouvrages majeurs, avec Alina Szeminska ; la même année 1941, il publie « Le mécanisme du développement mental et les lois du groupement des opérations : esquisse d'une théorie opératoire de l'intelligence », dans la revue suisse *Archives de psychologie* – il publiera en 1949, chez Armand Colin encore, le *Traité de logique. Essai de logistique opératoire.* Par ces titres, on voit que, à travers l'enfant, c'est bien la genèse des algorithmes logiques qui intéressait Piaget.
6. Jean-Pierre Changeux, *L'Homme de vérité, op. cit.* ; voir aussi son dialogue avec le mathématicien « réaliste* » Alain Connes : Jean-Pierre Changeux et Alain Connes, *Matière à pensée*, Odile Jacob, 1989.
7. Lynn Nadel, *The Encyclopedia of Cognitive Science*, Nature Publishing Group/ Macmillan, 2003.
8. Jean Piaget, *Le Possible et le Nécessaire* (tomes I et II), PUF, 1981-1983 ; *Morphismes et catégories. Comparer et transformer,* Delachaux et Niestlé, 1990 ; Jean Piaget et Rolando Garcia, *Vers une logique des significations,* Murionde, 1987.
9. Karen Wynn, « Addition and subtraction by human infants », *Nature*, 1992, 358, p. 749-750 ; « Psychological foundations of number : Numerical competence in human infants », *Trends in Cognitive Sciences*, 1998, 2, p. 296-303 ; Elizabeth Spelke, « Core knowledge », art. cit. ; Alison Gopnik, Andrew Meltzoff et Patricia Kuhl, *Comment pensent les bébés ?*, Le Pommier, 2005 ; Alison Gopnik, « Scientific thinking in young children », art. cit. ; *Le Bébé philosophe*, Le Pommier, 2012 ; Ghislaine Dehaene et Elizabeth Spelke, « The infancy of the human brain », art. cit.
10. Jean Piaget et Bärbel Inhelder, *La Psychologie de l'enfant, op. cit.* ; Jean-Pierre Changeux, *L'Homme neuronal, op. cit.* ; *L'Homme de vérité, op. cit.* ; « Synaptic epigenesis and the evolution of higher brain functions », art. cit. ; *L'Homme neuronal, trente ans après, op. cit.* ; « Climbing brain levels of organization from genes to consciousness », art. cit.
11. Hubert Reeves, *Malicorne,* Seuil, 1990, p. 49.

12. Claire Calmet, Mathieu Hirtzig et David Wilgenbus, *1, 2, 3... Codez ! Enseigner l'informatique à l'école et au collège, op. cit.*
13. Michael Posner et Marcus Raichle, *L'Esprit en images, op. cit.* ; Olivier Houdé, Bernard Mazoyer et Nathalie Tzourio-Mazoyer (dir.), *Cerveau et psychologie. Introduction à l'imagerie cérébrale anatomique et fonctionnelle, op. cit.*
14. Jean Piaget, *La Naissance de l'intelligence chez l'enfant,* Delachaux et Niestlé, 1936 ; *La Construction du réel chez l'enfant,* Delachaux et Niestlé, 1937.
15. Jean Piaget, *La Formation du symbole chez l'enfant,* Delachaux et Niestlé, 1945.
16. Jean Piaget et Bärbel Inhelder, « Les opérations intellectuelles », art. cit.
17. Jean Piaget et Alina Szeminska, *La Genèse du nombre chez l'enfant,* Delachaux et Niestlé, 1941.
18. Jean Piaget et Bärbel Inhelder, *Le Développement des quantités physiques chez l'enfant,* Delachaux et Niestlé, 1941.
19. Bärbel Inhelder et Jean Piaget, *La Genèse des structures logiques élémentaires, op. cit.*
20. Bärbel Inhelder et Jean Piaget, *De la logique de l'enfant à la logique de l'adolescent,* PUF, 1955.
21. Je n'entrerai pas ici dans la totalité des aspects techniques, quelquefois excessifs, de la formalisation piagétienne, mais le lecteur peut en trouver un exposé détaillé dans Jacqueline Bideaud, Olivier Houdé et Jean-Louis Pedinielli, *L'Homme en développement, op. cit.*
22. Avec cette opération réversible, l'enfant parvient à répondre qu'il y a *nécessairement* plus de fleurs (B) que de marguerites (A), quelles que soient les extensions spatiales et numériques des marguerites et des roses (A et A', avec A > A'). C'est une manipulation cognitive (aller-retour de l'opération réversible) en mémoire de travail.
23. Lorsque la composition des relations asymétriques est ainsi atteinte, la transitivité, qui est une composition *déductive*, est également atteinte : A < C si A < B et B < C (énoncé qui se transforme facilement en règle conditionnelle « si-alors »).
24. Jean Piaget et Bärbel Inhelder, « Les opérations intellectuelles », art. cit., p. 157.
25. Jean Piaget, *Le Possible et le Nécessaire* (tomes I et II), *op. cit.* ; *Morphismes et catégories. Comparer et transformer, op. cit.* ; Jean Piaget et Rolando Garcia, *Vers une logique des significations, op. cit.*
26. Martin Braine et David O'Brien (dir.), *Mental Logic*, Erlbaum, 1998.
27. Philip Johnson-Laird, « Mental models and deduction », *Trends in Cognitive Sciences,* 2001, 5, p. 434-442.
28. Olivier Houdé et Nathalie Tzourio-Mazoyer, « Neural foundations of logical and mathematical cognition », art. cit.
29. Olivier Houdé, *La Psychologie de l'enfant, op. cit.* ; *Apprendre à résister, op. cit.*
30. Jacqueline Bideaud, *Logique et bricolage chez l'enfant*, PUL, 1988.
31. Karen Wynn, « Addition and subtraction by human infants », art. cit. ; « Psychological foundations of number : Numerical competence in human infants », art. cit. ; Elizabeth Spelke, « Core knowledge », art. cit. ; Alison Gopnik, Andrew Meltzoff et Patricia Kuhl, *Comment pensent les bébés ?, op. cit.* ; Alison Gopnik, « Scientific thinking in young children », art. cit. ; *Le Bébé philosophe, op. cit.* ; Ghislaine Dehaene et Elizabeth Spelke, « The infancy of the human brain », art. cit.

32. Sue Antell et Daniel Keating, « Perception of numerical invariance in neonates », art. cit.
33. Rochel Gelman, « Logical capacity of very young children », *Child Development,* 1972, 43, p. 75-90 ; Rochel Gelman et Charles Gallistel, *The Child's Understanding of Number,* Harvard University Press, 1978 ; Rochel Gelman et Elizabeth Meck, « Preschooler's counting », *Cognition,* 1983, 13, p. 343-359 ; Rochel Gelman, Elizabeth Meck et Susan Merkin, « Young children's numerical competence », *Cognitive Development,* 1986, 1, p. 1-29.
34. Jacques Mehler et Tom Bever, « Cognitive capacity of very young children », *Science,* 1967, 158, p. 141-142.
35. Stanislas Dehaene, *La Bosse des maths, 15 ans après, op. cit.*
36. Daniel Kahneman, Paul Slovic et Amos Tversky, *Judgment under Uncertainty : Heuristics and Biases,* Cambridge University Press, 1982 ; Jonathan Evans, *Bias in Human Reasoning*, Erlbaum, 1989 ; Jonathan Evans et David Over, *Rationality and Reasoning*, Psychology Press, 1996 ; Jonathan Evans, « In two minds : Dual-process accounts of reasoning », *Trends in Cognitive Sciences,* 2003, 7, p. 454-459 ; Daniel Kahneman, *Système 1, système 2, op. cit.* ; Olivier Houdé, *Le Raisonnement, op. cit.*
37. Michel Serres, *Éclaircissements,* François Bourin, 1992.
38. Maria Montessori, *L'Enfant, op. cit.*, p. 56.
39. Daniel Kahneman, *Système 1, système 2, op. cit.*
40. Jean Piaget, *Le Structuralisme*, PUF, 1968.
41. Jacqueline Bideaud, *Logique et bricolage chez l'enfant, op. cit.*
42. Olivier Houdé, *Catégorisation et développement cognitif,* PUF, 1992.

CHAPITRE 5
Les heuristiques chez l'adulte selon Kahneman : système 1/système 2

1. C'est une conversation avec Gérard Berry, en marge d'une conférence, qui m'a fait comprendre que pour un informaticien une heuristique *est* un algorithme, qui s'oppose aux algorithmes exacts. C'est une évidence, car un informaticien code *tout*, donc tout est toujours algorithme(s) pour lui. En psychologie, c'est inconcevable, les heuristiques intuitives s'opposant aux algorithmes logiques par leurs propriétés cognitives et cérébrales.
2. Olivier Houdé, *Le Raisonnement, op. cit.*
3. Jonathan Evans, « Matching bias in conditional reasoning », *Thinking and Reasoning,* 1998, 4, p. 45-82.
4. Gerald Edelman, *Biologie de la conscience, op. cit.*
5. Jonathan Evans, *Bias in Human Reasoning, op. cit.*, p. 10.
6. La déduction est le principal processus qui caractérise, depuis Aristote, le raisonnement humain. Revenons sur l'exemple classique du syllogisme : si a) *tous les hommes sont mortels* et que b) *Socrate est un homme,* alors c) *Socrate est mortel.* Cette forme de raisonnement a-b-c se définit comme une inférence formée de deux prémisses

(les deux premières phrases, a-b) et d'une conclusion (la troisième, c). Tout syllogisme implique trois termes qui apparaissent chacun deux fois (ici, *homme*, *mortel* et *Socrate*), soit dans une prémisse et dans la conclusion (c'est le cas de *mortel* et de *Socrate*), soit dans chacune des prémisses (*homme*). L'inférence déductive est l'opération cognitive qui réalise l'enchaînement entre les prémisses et la conclusion. Du point de vue de la logique, le caractère *valide* d'une déduction (l'exemple ci-dessus est valide) dépend de la structure de l'inférence et non du contenu des phrases en tant que tel (la sémantique) ; il peut même être en contradiction avec nos croyances ou connaissances sur le monde. C'est en ce sens qu'on dit de la logique qu'elle est « indépendante des contenus ». Par exemple, l'immortalité de Socrate aurait pu être déduite d'un raisonnement correct : si a) *tous les hommes sont immortels* et que b) *Socrate est un homme*, alors c) *Socrate est immortel*. C'est valide d'un point de vue logique ; l'algorithme du syllogisme est respecté.

7. Jonathan Evans *et al.*, « On the conflict between logic and belief in syllogistic reasoning », art. cit. ; Johnathan Evans et Tania Perry, « Belief bias in children's reasoning », *Current Psychology of Cognition,* 1995, 14, p. 103-115.
8. Sylvain Moutier, « Deductive competence and executive efficiency in school children », *Current Psychology Letters,* 2000, 3, p. 87-100 ; Wim De Neys et Elke Van Gelder, « Logic and belief across the life span : The rise and fall of belief inhibition during syllogistic reasoning », art. cit.
9. Jonathan Evans et David Over, *Rationality and Reasoning, op. cit.*
10. Daniel Kahneman, *Système 1, système 2, op. cit.*
11. *Ibid.*, p. 59.
12. Jonathan Evans, *Bias in Human Reasoning, op. cit.*
13. Jonathan Evans et David Over, *Rationality and Reasoning, op. cit.*
14. Pour les psychologues de langue française, cette dichotomie rappelait celles déjà établies dans les années 1970-1980 en psychologie différentielle par Maurice Reuchlin (la réalisation et la formalisation) et en psychologie du développement cognitif par Pierre Oléron (les circuits directs et les circuits longs), Pierre Gréco (le sens et le calcul), Jacqueline Bideaud et Jacques Lautrey (les systèmes empirique et logique ou analogique et propositionnel) ; voir, par exemple, Jacqueline Bideaud, *Logique et bricolage chez l'enfant, op. cit.*
15. Keith Stanovich et Richard West, « Individual differences in reasoning : Implications for the rationality debate », *Behavioral and Brain Sciences,* 2000, 23, p. 645-665 ; Wim De Neys (dir.), *Dual Process Theory 2.0,* Routledge, 2018 ; Gordon Pennycook *et al.*, « The mythical dual-process typology », *Trends in Cognitive Sciences,* 2018, 22, p. 667-668.
16. Jonathan Evans, « In two minds : Dual-process accounts of reasoning », art. cit. ; Olivier Houdé *et al.*, « Shifting from the perceptual brain to the logical brain : The neural impact of cognitive inhibition training », art. cit. ; Olivier Houdé et Nathalie Tzourio-Mazoyer, « Neural foundations of logical and mathematical cognition », art. cit.
17. Daniel Kahneman, *Système 1, système 2, op. cit.*
18. Jean Piaget et Bärbel Inhelder, *La Psychologie de l'enfant, op. cit.*, p. 104.

19. Kurt Fischer et Michael Farrar, « Generalizations about generalization : How a theory of skill development explains both generality and specificity », *in* Andreas Demetriou (dir.). *The Neo-Piagetian Theories of Cognitive Development*, North-Holland, 1988, p. 141.
20. Christian Morel, *Les Décisions absurdes* (tomes I, II et III), Gallimard, 2002, 2012 et 2018.
21. Daniel Kahneman, *Système 1, système 2, op. cit.*
22. *Ibid.* Voir le tableau de synthèse p. 131 de son livre.
23. Au siècle des Lumières, les empiristes avaient déjà avancé des hypothèses très précises sur ce processus associatif. Ainsi, le philosophe écossais David Hume (1711-1776) insistait sur notre faculté d'*imagination* à partir des sensations : nous imaginons les idées, avec une marge d'incertitude. Dès lors, pour comprendre comment l'imagination humaine, très puissante, associe les idées à partir de l'expérience, par liaison (inspirée de l'attraction de Newton), Hume décrivait trois sous-processus : 1) la *contiguïté* spatiale ou temporelle des objets dans la réalité, qui configure notre mémoire et l'évocation mentale des idées ; 2) la *ressemblance* de chaque exemplaire à l'idée générale ; et 3) la *relation de cause à effet* qui configure notre système de croyances et notre savoir pratique. Selon Hume, ces processus d'« assemblage » pouvaient fonctionner dans l'esprit humain de façon incroyablement rapide. Son empirisme était original, très cognitif (mémoire, croyances, etc.) et préfigurait le système 1 de Kahneman. À la même époque et dans le même courant empiriste, il y eut aussi le philosophe français Étienne de Condillac (1715-1780) qui esquissa, dans *Essai sur l'origine des connaissances humaines,* une psychologie du raisonnement (ou de l'entendement) fondée sur la comparaison des idées – liées ou séparées par les mots – et sur l'enchaînement des jugements.
24. Ce qui est à la fois contraire au doute méthodique de René Descartes (1596-1650) et à la définition de la mesure de l'intelligence par Emmanuel Kant (1724-1804) : notre capacité à tolérer (et non à négliger) l'ambiguïté et l'incertitude.
25. Tendance à aimer (ou à détester) tout en bloc chez une personne, y compris des choses que nous n'avons pas observées.
26. Richard Thaler et Cass Sunstein, *Nudge : Improving Decisions about Health, Wealth, and Happiness,* Yale University Press, 2008 ; Richard Thaler, *Misbehaving : The Making of Behavioural Economics,* W. W. Norton and Company, 2015.
27. En 2009, Sunstein a été nommé conseiller sur ces matières auprès du président Barack Obama.
28. Amos Tversky et Daniel Kahneman, « Extensional versus intuitive reasoning : The conjunction fallacy in probability judgment », *Psychological Review*, 1983, 90, p. 293-315.
29. Daniel Kahneman, *Système 1, système 2, op. cit.*, p. 193.
30. *Ibid.*, p. 13-14.
31. Barbara McNeil *et al.*, « On the elicitation of preferences for alternative therapies », *New England Journal of Medicine*, 1982, 306, p. 1259-1262. Voir aussi Amos Tversky et Daniel Kahneman, « The framing of decisions and the psychology of choices », *Science*, 1981, 211, p. 453-458.

32. Mathieu Cassotti *et al.*, « Positive emotional context eliminates the framing effect in decision-making », *Emotion*, 2012, 12, p. 926-931.
33. L'idée de substitution facile/difficile est au cœur de nombreuses démonstrations expérimentales sur la paresse du système 2. Par exemple : a) *une batte et une balle coûtent 1,10 dollar*, b) *la batte coûte 1 dollar de plus que la balle*, c) *combien coûte la balle ?* Réponse facile du système 1 : 10 *cents*. Mais c'est faux (10 *cents* + 1 dollar = 1,10 dollar, le coût de la batte, + 10 *cents* pour la balle = 1,20 dollar au total). La bonne réponse est 5 *cents* (calcul plus lent et difficile du système 2). La majorité des étudiants de Harvard, du MIT et de Princeton répondent intuitivement 10 *cents* : voir Daniel Kahneman et Shane Frederick, « Representativeness revisited : Attribute substitution in intuitive judgment », *in* Thomas Gilovich *et al.* (dir.), *Heuristics and Biases*, Cambridge University Press, 2003, p. 49-81.
34. Olivier Houdé, « First insights on neuropedagogy of reasoning », art. cit. ; Adele Diamond et Kathleen Lee, « Interventions shown to aid executive function development in children 4 to 12 years old », art. cit.
35. B. J. Casey *et al.*, « Imaging the developing brain : What have we learned about cognitive development ? », art. cit.
36. Antonio Damasio, *L'Erreur de Descartes*, Odile Jacob, 1995 ; *Le Sentiment même de soi*, Odile Jacob, 1999 ; *Spinoza avait raison*, Odile Jacob, 2003 ; *L'Autre Moi-Même*, Odile Jacob, 2010 ; Antonio Damasio et Gil Carvalho, « The nature of feelings : Evolutionary and neurobiological origins », *Nature Reviews Neuroscience*, 2013, 14, p. 143-152 ; Antonio Damasio, *L'Ordre étrange des choses*, Odile Jacob, 2017.
37. Antonio Damasio, *Descartes' Error*, titre original de l'édition anglaise de son premier livre publié à New York en 1994.
38. Expressions étonnamment cognitives et cérébrales de Balzac reprises par son biographe Gonzague Saint Bris en 2011 (*Balzac, une vie de roman*, Télémaque, p. 51 et p. 233) afin d'illustrer le rapport intellectuel de Balzac aux paysages de Touraine : une « gastronomie de l'œil », disait-il. De l'œil au raisonnement et à l'intelligence, il n'y avait qu'un ou deux pas.
39. Antonio Damasio et Gil Carvalho, « The nature of feelings : Evolutionary and neurobiological origins », art. cit.
40. La traduction neurocognitive des émotions corporelles dans l'esprit correspond ici aux sentiments (ou *feelings* en anglais).
41. Olivier Houdé *et al.*, « Access to deductive logic depends on a right ventromedial prefrontal area devoted to emotion and feeling : Evidence from a training paradigm », *NeuroImage*, 2001, 14, p. 1486-1492.
42. Théodule Ribot, *La Psychologie des sentiments*, Alcan, 1896.
43. John Flavell, « Metacognition and cognitive monitoring », *American Psychologist*, 34, p. 906-911.
44. Cours de Stanislas Dehaene au Collège de France en 2011 : « Introspection et métacognition : les mécanismes de la connaissance de soi ».
45. Joëlle Proust, « Métacognition et auto-évaluation », *in* Olivier Houdé et Grégoire Borst (dir.), *Le Cerveau et les Apprentissages*, *op. cit.*, p. 207-228.
46. Joaquin Fuster, *The Prefrontal Cortex*, *op. cit.* ; *Cortex and Mind*, *op. cit.*

CHAPITRE 6

Une nouvelle théorie de l'intelligence : systèmes 1, 2 et 3

1. Voir Olivier Houdé, *Histoire de la psychologie*, PUF, 2016.
2. Daniel Kahneman, *Système 1, système 2, op. cit.*, p. 502.
3. Jonathan Evans, *Bias in Human Reasoning, op. cit.*, p. 116-117 (traduit par nous).
4. Wim De Neys, Oshin Vartanian et Vinod Goel, « Smarter than we think : When our brains detect that we are biased », *Psychological Science*, 2008, 19, p. 483-489 ; Wim De Neys, Sofie Cromheeke et Magda Osman, « Biased but in doubt : Conflict and decision confidence », *PLoS ONE*, 2011, e15954 ; Wim De Neys et Jean-François Bonnefon, « The whys and whens of individual differences in individual thinking biases », *Trends in Cognitive Sciences*, 2013, 17, p. 172-178 ; Wim De Neys, Amélie Lubin et Olivier Houdé, « The smart non-conserver : Preschoolers detect their number conservation errors », *Child Development Research*, 2014, doi:10.1155/2014/768186 ; Grégory Simon *et al.*, « Anterior cingulate cortex and intuitive bias detection during number conservation », *Cognitive Neuroscience*, 2015, 6, p. 158-168 ; Wim De Neys (dir.), *Dual Process Theory 2.0, op. cit.* ; Dror Dotan, Florent Meyniel et Stanislas Dehaene, « On-line confidence monitoring during decision making », *Cognition*, 2018, 171, p. 112-121.
5. Olivier Houdé, *Rationalité, développement et inhibition, op. cit.*
6. Pascal Engel, *La Norme du vrai. Philosophie de la logique*, Gallimard, 1989.
7. Un faux négatif est ici la tendance à conclure à tort que les enfants en échec dans une tâche de logique sont nécessairement incompétents par rapport à la notion testée : voir Rochel Gelman, « Constructing and using conceptual competence », *Cognitive Development*, 1997, 12, p. 305-313.
8. Jonathan Evans et David Over, *Rationality and Reasoning, op. cit.* ; Johnathan Evans et Keith Stanovich, « Dual-process theories of higher cognition : Advancing the debate », *Perspectives on Psychological Science*, 2013, 8, p. 223-241 ; Wim De Neys (dir.), *Dual Process Theory 2.0, op. cit.*
9. Olivier Houdé, « The problem of deductive competence and the inhibitory control of cognition », *Current Psychology of Cognition*, 1997, 16, p. 108-113.
10. Jonathan Evans, « In two minds : Dual-process accounts of reasoning », art. cit.
11. Wim De Neys, Sandrine Rossi et Olivier Houdé, « Bats, balls, and substitution sensitivity : Cognitive misers are no happy fools », *Psychonomic Bulletin and Review*, 2013, 20, p. 269-273.
12. Alain Berthoz, *La Vicariance, op. cit.*
13. Adele Diamond *et al.*, « Preschool program improves cognitive control », art. cit. ; Olivier Houdé, « First insights on neuropedagogy of reasoning », art. cit. ; Adele Diamond et Kathleen Lee, « Interventions shown to aid executive function development in children 4 to 12 years old », art. cit. ; Adele Diamond, « Executive functions », art. cit. ; Grégoire Borst, « Les fonctions exécutives », art. cit.

14. Robert Siegler, *Intelligence et développement de l'enfant, op. cit.* ; *Enfant et raisonnement, op. cit.*
15. Olivier Houdé, *Le Raisonnement, op. cit.*
16. Olivier Houdé, *Apprendre à résister, op. cit.*
17. Jean-Pierre Changeux, « Apprendre avec ses neurones », art. cit.
18. Stanislas Dehaene, *Le Code de la conscience*, Odile Jacob, 2014.
19. Alain Berthoz, *La Décision*, Odile Jacob, 2003, p. 290. Voir aussi pour une découverte récente de neurones inhibiteurs chez l'homme : Eszter Boldog *et al.*, « Transcriptomic and morphophysiological evidence for a specialized human cortical GABAergic cell type », *Nature Neuroscience*, 2018, doi:10.1038/s41593-018-0205-2.
20. Roger Smith, *Inhibition : History and Meaning in the Sciences of Mind and Brain*, Free Association Books, 1992.
21. Dale Dagenbach et Thomas Carr, *Inhibitory Processes in Attention, Memory, and Language*, Academic Press, 1994 ; Frank Dempster et Charles Brainerd, *Interference and Inhibition in Cognition*, Academic Press, 1995 ; Olivier Houdé, *Rationalité, développement et inhibition, op. cit.* ; « L'inhibition », *Encyclopedia Universalis*, 2016, édition électronique : http://www.universalis.fr/encyclopedie/inhibition-psychologie-cognitive/.
22. Adam Aron, Trevor Robbins et Russell Poldrack, « Inhibition and the right inferior frontal cortex », *Trends in Cognitive Sciences*, 2004, 8, p. 170-177 ; « Inhibition and the right inferior frontal cortex : One decade on », *Trends in Cognitive Sciences*, 2014, 18, p. 177-185.
23. Stanislas Dehaene, Michel Kerszberg et Jean-Pierre Changeux, « A neuronal model of global workspace in effortful cognitive tasks », *PNAS*, 1998, 95, p. 14529-14534 ; Stanislas Dehaene et Jean-Pierre Changeux, « Experimental and theoretical approaches to conscious processing », *Neuron*, 2011, 70, p. 200-227 ; Stanislas Dehaene, *Le Code de la conscience, op. cit.* ; Jean-Pierre Changeux, « Climbing brain levels of organization from genes to consciousness », art. cit.
24. Alain Berthoz, *Le Sens du mouvement*, Odile Jacob, 1997 ; *La Décision, op. cit.*
25. Trammell Neill, Leslie Valdes et Kathleen Terry, « Selective attention and inhibitory control of cognition », *in* Frank Dempster et Charles Brainerd, *Interference and Inhibition in Cognition, op. cit.*, p. 207-261.
26. Steven Tipper, « The negative priming effect : Inhibitory priming by ignored objects », *Quarterly Journal of Experimental Psychology*, 1985, 37A, p. 571-590 ; « Does negative priming reflect inhibitory mechanisms ? », *Quarterly Journal of Experimental Psychology*, 2001, 54A, p. 321-343.
27. Trammell Neill, Leslie Valdes et Kathleen Terry, « Selective attention and inhibitory control of cognition », art. cit. ; Olivier Houdé, « Attention sélective, développement cognitif et contrôle inhibiteur de l'information », *in* Gaby Netchine-Grynberg (dir.), *Développement et fonctionnement cognitifs*, PUF, 1999, p. 181-195.
28. Olivier Houdé et Élodie Guichart, « Negative priming effect after inhibition of number/length interference in a Piaget-like task », art. cit. ; Grégoire Borst, Sylvain Moutier et Olivier Houdé, « Negative priming in logicomathematical

reasoning : The cost of blocking your intuition », *in* Wim De Neys et Magda Osman (dir.), *New Approaches in Reasoning Research*, Psychology Press, 2013, p. 34-50.
29. Frank Dempster et Charles Brainerd, *Interference and Inhibition in Cognition, op. cit.*
30. Michael Posner et Yoav Cohen, « Components of visual orienting », *in* Herman Bouma et Don Bouwhuis (dir.), *Attention and Performance X : Control of Language Processes*, Erlbaum, 1984, p. 531-556 ; Raymond Klein, « Inhibition of return », *Trends in Cognitive Sciences*, 2000, 4, p. 138-147.
31. Lynn Hasher, Cindy Lustig et Rose Zacks, « Inhibitory mechanisms and the control of attention », *in* Andrew Conway *et al.* (dir.), *Variation in Working Memory*, Oxford University Press, 2008, p. 227-249.
32. Adele Diamond *et al.*, « Preschool program improves cognitive control », art. cit. ; Adele Diamond et Kathleen Lee, « Interventions shown to aid executive function development in children 4 to 12 years old », art. cit. ; Akira Miyake et Naomi Friedman, « The nature and organization of individual differences in executive functions », *Current Directions in Psychological Science*, 2012, 21, p. 8-14 ; Adele Diamond, « Executive functions », art. cit.
33. Simon Van Gaal *et al.*, « Frontal cortex mediates unconsciously triggered inhibitory control », *Journal of Neuroscience*, 2008, 28, p. 8053-8062 ; « Unconscious activation of the prefrontal no-go network », *Journal of Neuroscience*, 2010, 30, p. 4143-4150.
34. Adriano Linzarini, Olivier Houdé et Grégoire Borst, « Cognitive control outside of conscious awareness », *Consciousness and Cognition*, 2017, 53, p. 185-193.
35. Adele Diamond, « Executive functions », art. cit. ; Grégoire Borst, « Les fonctions exécutives », art. cit.
36. Joaquin Fuster, *The Prefrontal Cortex, op. cit.* ; Edward Smith et John Jonides, « Storage and executive processes in the frontal lobes », *Science*, 1999, 283, p. 1657-1660 ; Joaquin Fuster, *Cortex and Mind, op. cit.*
37. Olivier Houdé *et al.*, « Shifting from the perceptual brain to the logical brain : The neural impact of cognitive inhibition training », art. cit.
38. Théorie néodarwinienne associée au modèle de l'« espace neuronal de travail conscient » (ENTC) : Stanislas Dehaene et Jean-Pierre Changeux, « Experimental and theoretical approaches to conscious processing », art. cit. Voir aussi : Jean-Pierre Changeux et Antoine Danchin, « Selective stabilisation of developing synapses as a mechanism for the specification of neuronal network », art. cit. ; Jean-Pierre Changeux, *L'Homme neuronal, op. cit.* ; *L'Homme de vérité, op. cit.* ; *Du vrai, du beau, du bien, op. cit.* ; « Synaptic epigenesis and the evolution of higher brain functions », art. cit. ; *L'Homme neuronal, trente ans après, op. cit.* ; « Climbing brain levels of organization from genes to consciousness », *Trends in Cognitive Sciences*, 2017, 21, p. 168-181 ; « Apprendre avec ses neurones », art. cit.
39. Dans l'ENTC. Voir aussi Alan Baddeley, « Working memory », *Nature Reviews Neuroscience*, 2003, 4, p. 829-839.
40. Jean Piaget, *Adaptation vitale et psychologie de l'intelligence. Sélection organique et phénocopie*, Hermann, 1974.
41. Jean-Pierre Changeux, *L'Homme de vérité, op. cit.*, p. 166.
42. Jonathan Evans, « Matching bias in conditional reasoning », art. cit.

43. Olivier Houdé et Sylvain Moutier, « Deductive reasoning and experimental inhibition training », *Current Psychology of Cognition*, 1996, 15, p. 409-434, et 1999, 18, p. 75-85.
44. En l'occurrence, la tâche classique de sélection de cartes de Wason : Peter Wason, « Reasoning about a rule », *Quarterly Journal of Experimental Psychology*, 1968, 20, p. 273-281.
45. Olivier Houdé *et al.*, « Shifting from the perceptual brain to the logical brain : The neural impact of cognitive inhibition training », art. cit.
46. Le cortex préfrontal inférieur, droit ou gauche selon la nature de la tâche, est connu pour être impliqué dans l'inhibition cognitive chez l'enfant comme chez l'adulte : Adam Aron, Trevor Robbins et Russell Poldrack, « Inhibition and the right inferior frontal cortex », art. cit. ; « Inhibition and the right inferior frontal cortex : One decade on », art. cit. ; Olivier Houdé *et al.*, « Mapping numerical processing, reading, and executive functions in the developing brain », *Developmental Science*, 2010, 13, p. 876-885.
47. Jérôme Prado et Ira Noveck, « Overcoming perceptual features in logical reasoning : A parametric functional magnetic resonance imaging study », *Journal of Cognitive Neuroscience,* 2007, 19, p. 642-657.
48. Lev Vygotski, *Pensée et langage,* Éditions sociales, 1985 (éd. originale, 1934).
49. Olivier Houdé *et al.*, « Access to deductive logic depends on a right ventromedial prefrontal area devoted to emotion and feeling : Evidence from a training paradigm », art. cit.
50. Hanna Damasio *et al.*, « The return of Phineas Gage », *Science*, 1994, 264, p. 1102-1105.
51. Wim De Neys, Oshin Vartanian et Vinod Goel « Smarter than we think : When our brains detect that we are biased », art. cit.
52. John Flavell, « Metacognition and cognitive monitoring », art. cit. ; Joëlle Proust, « Métacognition et auto-évaluation », art. cit.
53. Vinod Goel, « Anatomy of deductive reasoning », *Trends in Cognitive Sciences*, 2007, 11, p. 435-441.
54. Sylvain Moutier, « Deductive competence and executive efficiency in school children », art. cit.
55. Wim De Neys et Elke Van Gelder, « Logic and belief across the life span : The rise and fall of belief inhibition during syllogistic reasoning », art. cit.
56. Sylvain Moutier et Olivier Houdé, « Judgment under uncertainty and conjunction-fallacy inhibition training », *Thinking and Reasoning*, 2003, 9, p. 185-201.
57. Christian Morel, *Les Décisions absurdes*, *op. cit.*, tome I, p. 144. Rappelez-vous aussi nos polytechniciens qui présentaient le biais d'appariement perceptif (chapitre 5).
58. Amos Tversky et Daniel Kahneman, « Judgment under uncertainty : Heuristics and biases », *Science*, 1974, 185, p. 1124-1131.
59. Thomas Mussweiler, « The use of category and exemplar knowledge in the solution of anchoring task », *Journal of Personality and Social Psychology*, 2000, 78, p. 1038-1052.
60. Daniel Kahneman, *Système 1, système 2*, *op. cit.*, p. 158-159.

61. Arnaud Cachia *et al.*, « The shape of the anterior cingulate cortex contributes to cognitive control efficiency in preschoolers », *Journal of Cognitive Neuroscience*, 2014, 26, p. 96-106 ; B. J. Casey *et al.*, « Imaging the developing brain : What have we learned about cognitive development ? », art. cit. ; Adele Diamond et Kathleen Lee, « Interventions shown to aid executive function development in children 4 to 12 years old », art. cit. ; Olivier Houdé, « First insights on neuropedagogy of reasoning », art. cit.
62. Grégoire Borst, Sylvain Moutier et Olivier Houdé, « Negative priming in logico-mathematical reasoning : The cost of blocking your intuition », art. cit.
63. Olivier Houdé et Élodie Guichart, « Negative priming effect after inhibition of number/length interference in a Piaget-like task », art. cit.
64. Stanislas Dehaene, *La Bosse des maths, 15 ans après, op. cit.*
65. Nitin Gogtay *et al.*, « Dynamic mapping of human cortical development during childhood through early adulthood », *PNAS*, 2004, 101, p. 8174-8179.
66. Florent Meyniel et Stanislas Dehaene, « Brain networks for confidence weighting and hierarchical inference during probabilistic learning », art. cit.
67. Olivier Houdé *et al.*, « Functional MRI study of Piaget's conservation-of-number task in preschool and school-age children : A neo-piagetian approach », art. cit.
68. Stanislas Dehaene, *La Bosse des maths, 15 ans après, op. cit.*
69. Wim Fias *et al.*, « Parietal representation of symbolic and nonsymbolic magnitude », art. cit. ; Philippe Pinel *et al.*, « Distributed and overlapping cerebral representations of number, size, and luminance during comparative judgments », art. cit.
70. Arnaud Viarouge *et al.*, « Spontaneous orientation towards irrelevant dimensions of magnitude and numerical acuity », *Learning and Instruction*, 2018, 54, p. 156-163.
71. Rochel Gelman, « Logical capacity of very young children », art. cit. ; Rochel Gelman et Charles Gallistel, *The Child's Understanding of Number, op. cit.* ; Rochel Gelman et Elizabeth Meck, « Preschooler's counting », art. cit. ; Rochel Gelman, Elizabeth Meck et Susan Merkin, « Young children's numerical competence », art. cit. ; Stanislas Dehaene, *La Bosse des maths, 15 ans après, op. cit.*
72. Olivier Houdé, « First insights on neuropedagogy of reasoning », art. cit.
73. Grégoire Borst, Sylvain Moutier et Olivier Houdé, « Negative priming in logico-mathematical reasoning : The cost of blocking your intuition », art. cit.
74. Grégoire Borst *et al.*, « Inhibitory control efficiency in a Piaget-like class-inclusion task in school-age children and adults : A developmental negative priming study », *Developmental Psychology*, 2013, 49, p. 1366-1374.
75. Sylvain Moutier *et al.*, « Syllogistic reasoning and belief-bias inhibition in school children », art. cit.
76. Grégoire Borst *et al.*, « Inhibitory control in number-conservation and class-inclusion tasks : A neo-Piagetian intertasks priming study », art. cit.
77. Amélie Lubin *et al.*, « Inhibitory control is needed for the resolution of arithmetic word problems : A developmental negative priming study », art. cit.
78. Margot Roell *et al.*, « Inhibitory control and decimal number comparison in school-aged children », *PloS ONE*, 2017, doi:10.1371/journal.pone.0188276 ; Margot Roell *et al.*, « Inhibition of the whole number bias in decimal number comparison :

A developmental negative priming study », *Journal of Experimental Child Psychology*, 2019, 177, p. 240-247.
79. Céline Lanoë *et al.*, « Inhibitory control is needed to overcome written verb inflection errors », art. cit.
80. Olivier Houdé, *L'École du cerveau*, Mardaga, 2018.
81. Pascaline Citron et Marie Létang, « Du labo à l'école : Une recherche collaborative en neurosciences. L'exemple LaPsyDÉ-Lea.fr », *in* Olivier Houdé et Grégoire Borst (dir.), *Le Cerveau et les Apprentissages, op. cit.*, p. 261-276.
82. Olivier Houdé, *Les 100 Mots de la psychologie*, PUF, 2008, p. 35 ; Marianne Habib *et al.*, « Counterfactually mediated emotions : A developmental study of regret and relief in a probabilistic gambling task », *Journal of Experimental Child Psychology*, 2012, 112, p. 265-274.
83. Alain Berthoz, *La Décision, op. cit.*
84. L'idée d'anticipation est introduite par Damasio dans *Spinoza avait raison* (*op. cit.*, p. 152) où il présente un modèle des stratégies de raisonnement à deux voies, l'une qui anticipe les options d'actions et les résultats futurs (voie A), l'autre moins réfléchie qui réactive simplement certaines émotions antérieures (voie B que Damasio associe aux observations de Daniel Kahneman).
85. Nathalie Camille *et al.*, « The involvement of the orbitofrontal cortex in the experience of regret », *Science*, 2004, 304, p. 1167-1170.
86. Michael Koenigs *et al.*, « Damage to the prefrontal cortex increases utilitarian moral judgements », *Nature*, 2007, 446, p. 908-911.
87. Jean Piaget, *Le Jugement moral chez l'enfant*, Alcan, 1932.
88. Bärbel Inhelder et Jean Piaget, *De la logique de l'enfant à la logique de l'adolescent*, *op. cit.*
89. Wim De Neys, Oshin Vartanian et Vinod Goel, « Smarter than we think : When our brains detect that we are biased », art. cit.
90. Jean d'Ormesson, *Qu'ai-je donc fait ?*, Robert Laffont, 2008, p. 315.
91. Adriano Linzarini, Olivier Houdé et Grégoire Borst, « Cognitive control outside of conscious awareness », art. cit.

CONCLUSION

Ce qu'il faudrait coder et éduquer

1. Le mécanisme fondamental qui nous permet d'apprendre à partir d'un modèle cognitif interne initial est le calcul de différence entre la récompense attendue ou espérée, par rapport au modèle, et celle effectivement reçue. Cette différence est appelée le « signal d'erreur ». Les circuits dopaminergiques dits « de la récompense » du cerveau sont directement corrélés à ces signaux d'erreur : Wolfram Schultz, Peter Dayan et P. Read Montague, « A neural substrate of prediction and reward », *Science*, 1997, 275, p. 1593-1599 ; Pascal Waelti *et al.*, « Dopamine responses comply with basic assumptions of formal learning theory », *Nature*, 2001, 412, p. 43-48 ; Jean-Pierre Changeux, *Du vrai, du beau, du bien*, *op. cit.* ; Roy Wise, « Dopamine, learning and motivation », *Nature Reviews Neuroscience*, 2004, 5, p. 483-494 ; Joshua Tenenbaum

et al., « How to grow a mind : Statistics, structure, and abstraction », *Science,* 2011, 331, p. 1279-1285 ; Matthias Gruber, Bernard Gelman et Charan Ranganath, « States of curiosity modulate hippocampus-dependent learning *via* the dopaminergic circuit », *Neuron,* 2014, 84, p. 486-496 ; Wolfram Schultz, « Dopamine reward prediction-error signalling », *Nature Reviews Neuroscience,* 2016, 17, p. 183-195.
2. Antonio Damasio et Gil Carvalho, « The nature of feelings : Evolutionary and neurobiological origins », art. cit.
3. Antonio Damasio, *L'Ordre étrange des choses, op. cit.*
4. Jean-Jacques Hublin *et al.*, « New fossils from Jebel Irhoud, Morocco and the pan-African origin of *Homo sapiens* », *Nature,* 2017, 546, p. 289-292.
5. Marvin Minsky, *La Société de l'esprit, op. cit.*
6. *Ibid.*, p. 181.
7. Une part de l'apprentissage consiste bien sûr aussi à apprendre ou à perfectionner les algorithmes logiques et les connaissances rationnelles qui y correspondent.
8. Olivier Houdé, *L'École du cerveau, op. cit.*
9. Lorie-Marlène Brault Foisy *et al.*, « Blocking our brain : When we need to inhibit repetitive mistakes ! », art. cit.
10. Pascaline Citron et Marie Létang, « Du labo à l'école : Une recherche collaborative en neurosciences. L'exemple LaPsyDÉ-Lea.fr », art. cit.

Glossaire

1. Jean-Pierre Changeux et Alain Connes, *Matière à pensée, op. cit.*, p. 48.

Bibliographie générale

Abiteboul, Serge et Dowek, Gilles, *Le Temps des algorithmes*, Paris, Le Pommier, 2017.

Aïte, Ania *et al.*, « Taking a third-person perspective requires inhibitory control : Evidence from a developmental negative priming study », *Child Development,* 2016, 87, p. 1825-1840.

Antell, Sue et Keating, Daniel, « Perception of numerical invariance in neonates », *Child Development,* 1983, 54, p. 695-701.

Arh, Emmanuel, Houdé, Olivier et Borst, Grégoire, « Inhibition of the mirror-generalization process in reading in school-aged children », *Journal of Experimental Child Psychology,* 2016, 145, p. 157-165.

Aron, Adam, Robbins, Trevor et Poldrack, Russell, « Inhibition and the right inferior frontal cortex », *Trends in Cognitive Sciences,* 2004, 8, p. 170-177.

Aron, Adam, Robbins, Trevor et Poldrack, Russell, « Inhibition and the right inferior frontal cortex : One decade on », *Trends in Cognitive Sciences,* 2014, 18, p. 177-185.

Baddeley, Alan, « Working memory », *Nature Reviews Neuroscience,* 2003, 4, p. 829-839.

Barbey, Aron, « Network neuroscience : Theory of human intelligence », *Trends in Cognitive Neurosciences,* 2018, 22, p. 8-20.

Basten, Ulrike *et al.*, « Where smart brains are different : A quantitative meta-analysis of functional and structural brain imaging studies on intelligence », *Intelligence,* 2015, 51, p. 10-27.

Bengio, Yoshua, « Cap sur l'apprentissage profond (entretien) », *Sciences Psy,* 2018, 13, p. 30-33.

Bergström, John, « Experiments upon physiology memory by means of the interference of associations », *American Journal of Psychology,* 1893, 5, p. 356-369.

Bergström, John, « The relation of the interference to the practice effect of an association », *American Journal of Psychology,* 1894, 6, p. 433-442.

Berry, Gérard, *L'Hyperpuissance de l'informatique. Algorithmes, données, machines, réseaux*, Paris, Odile Jacob, 2017.

Berthoz, Alain, *Le Sens du mouvement*, Paris, Odile Jacob, 1997.

Berthoz, Alain, *La Décision,* Paris, Odile Jacob, 2003.

Berthoz, Alain, *La Vicariance,* Paris, Odile Jacob, 2013.

Bideaud, Jacqueline, *Logique et bricolage chez l'enfant*, Lille, PUL, 1988.

Bideaud, Jacqueline, Houdé, Olivier et Pédinielli, Jean-Louis, *L'Homme en développement*, Paris, PUF, 2015 (1re éd., 1993).

Binet, Alfred, « Attention et adaptation », *L'Année psychologique,* 1900, 6, p. 248-404.

Binet, Alfred et Simon, Théodore, « Méthodes nouvelles pour le diagnostic du niveau intellectuel des anormaux », *L'Année psychologique,* 1905, 11, p. 191-244.

Binet, Alfred et Simon, Théodore, « Le développement de l'intelligence chez les enfants », *L'Année psychologique,* 1908, 14, p. 1-95.

Boldog, Eszter *et al.*, « Transcriptomic and morphophysiological evidence for a specialized human cortical GABAergic cell type », *Nature Neuroscience,* 2018, doi:10.1038/s41593-018-0205-2.

Borst, Grégoire, « Les fonctions exécutives », *in* Olivier Houdé et Grégoire Borst (dir.), *Le Cerveau et les Apprentissages*, Paris, Nathan, 2018, p. 183-201.

Borst, Grégoire *et al.*, « Inhibitory control in number-conservation and class-inclusion tasks : A neo-Piagetian intertasks priming study », *Cognitive Development*, 2012, 27, p. 283-298.

Borst, Grégoire *et al.,* « Inhibitory control efficiency in a Piaget-like class-inclusion task in school-age children and adults : A developmental negative priming study », *Developmental Psychology*, 2013, 49, p. 1366-1374.

Borst, Grégoire, Moutier, Sylvain et Houdé, Olivier, « Negative priming in logicomathematical reasoning : The cost of blocking your intuition », *in* Wim De Neys et Magda Osman (dir.), *New Approaches in Reasoning Research*, New York, Psychology Press, 2013, p. 34-50.

Borst, Grégoire *et al.*, « The cost of blocking the mirror-generalization process in reading », *Psychonomic Bulletin and Review,* 2015, 22, p. 228-234.

Boujon, Christophe et Lemoine, Karen, « Le rôle de l'inhibition dans le contrôle attentionnel des traitements », *in* Christophe Boujon (dir.), *L'Inhibition. Au carrefour des neurosciences et des sciences de la cognition*, Marseille, Solal, 2002, p. 79-104.

Braine, Martin et O'Brien, David (dir.), *Mental Logic*, Hove, Erlbaum, 1998.

Brault Foisy, Lorie-Marlène *et al.*, « Blocking our brain : When we need to inhibit repetitive mistakes ! », *Frontiers for Young Minds,* 2015, doi:10.3389/frym.2015.00017.

Braun, Urs *et al.*, « Dynamic reconfiguration of frontal brain networks during executive cognition in humans », *PNAS*, 2015, 112, p. 11678-11683.

Bressler, Steven et Menon, Vinod, « Large-scale brain networks in cognition : Emerging methods and principles », *Trends in Cognitive Sciences*, 2010, 14, p. 277-290.

Cachia, Arnaud *et al.*, « The shape of the anterior cingulate cortex contributes to cognitive control efficiency in preschoolers », *Journal of Cognitive Neuroscience*, 2014, 26, p. 96-106.

Caliskan, Aylin, Bryson, Zoanna et Narayanan, Arvind, « Semantics derived automatically from language corpora contain human-like biases », *Science*, 2017, 356, p. 183-186.

Calmet, Claire, Hirtzig, Mathieu et Wilgenbus, David, *1, 2, 3... Codez ! Enseigner l'informatique à l'école et au collège*, tomes I et II, Paris, Le Pommier, 2017 et 2018.

Camille, Nathalie *et al.*, « The involvement of the orbitofrontal cortex in the experience of regret », *Science*, 2004, 304, p. 1167-1170.

Carroll, John, *Human Cognitive Abilities : A Survey of Factor-Analytic Studies*, Cambridge, Cambridge University Press, 1993.

Casey, B. J. *et al.*, « Imaging the developing brain : What have we learned about cognitive development ? », *Trends in Cognitive Sciences*, 2005, 9, p. 104-110.

Cassotti, Mathieu *et al.*, « Positive emotional context eliminates the framing effect in decision-making », *Emotion*, 2012, 12, p. 926-931.

Cattell Raymond, *Abilities : Their Structure, Growth, and Action*, Boston, Houghton Mifflin, 1971.

Changeux, Jean-Pierre, *L'Homme neuronal*, Paris, Fayard, 1983.

Changeux, Jean-Pierre, *L'Homme de vérité*, Paris, Odile Jacob, 2002.

Changeux, Jean-Pierre, *Du vrai, du beau, du bien*, Paris, Odile Jacob, 2008.

Changeux, Jean-Pierre, « Synaptic epigenesis and the evolution of higher brain functions », *in* Paolo Corsi et Yves Christen (dir.), *Epigenetics, Brain and Behavior*, Berlin, Springer-Verlag, 2012, p. 11-22.

Changeux, Jean-Pierre, *La Beauté dans le cerveau*, Paris, Odile Jacob, 2016.

Changeux, Jean-Pierre, « Climbing brain levels of organization from genes to consciousness », *Trends in Cognitive Sciences*, 2017, 21, p. 168-181.

Changeux, Jean-Pierre, « Apprendre avec ses neurones », *in* Olivier Houdé et Grégoire Borst (dir.), *Le Cerveau et les Apprentissages*, Paris, Nathan, 2018, p. 13-39.

Changeux, Jean-Pierre et Danchin, Antoine, « Selective stabilisation of developing synapses as a mechanism for the specification of neuronal network », *Nature*, 1972, 264, p. 705-712.

Changeux, Jean-Pierre et Connes, Alain, *Matière à pensée*, Paris, Odile Jacob, 1989.

Changeux, Jean-Pierre *et al.*, *L'Homme neuronal, trente ans après,* Paris, Éditions Rue d'Ulm, 2016.

Citron, Pascaline et Létang, Marie, « Du labo à l'école : Une recherche collaborative en neurosciences. L'exemple LaPsyDÉ-Lea.fr », *in* Olivier Houdé et Grégoire Borst (dir.), *Le Cerveau et les Apprentissages*, Paris, Nathan, 2018, p. 261-276.

Cole, Michael *et al.*, « Global connectivity of prefrontal cortex predicts cognitive control and intelligence », *Journal of Neuroscience*, 2012, 32, p. 8988-8999.

Cole, Michael *et al.*, « Multi-task connectivity reveals flexible hubs for adaptive task control », *Nature Neuroscience*, 2013, 16, p. 1348-1355.

Dagenbach, Dale et Carr, Thomas, *Inhibitory Processes in Attention, Memory, and Language,* New York, Academic Press, 1994.

Damasio, Antonio, *L'Erreur de Descartes. La raison des émotions,* Paris, Odile Jacob, 1995.

Damasio, Antonio, *Le Sentiment même de soi. Corps, émotion, conscience,* Paris, Odile Jacob, 1999.

Damasio, Antonio, *Spinoza avait raison. Joie et tristesse, le cerveau des émotions*, Paris, Odile Jacob, 2003.

Damasio, Antonio, *L'Autre Moi-Même. Les nouvelles cartes du cerveau, de la conscience et des émotions*, Paris, Odile Jacob, 2010.

Damasio, Antonio, *L'Ordre étrange des choses. La vie, les sentiments et la fabrique de la culture,* Paris, Odile Jacob, 2017.

Damasio, Antonio et Carvalho, Gil, « The nature of feelings : Evolutionary and neurobiological origins », *Nature Reviews Neuroscience,* 2013, 14, p. 143-152.

Damasio, Hanna *et al.*, « The return of Phineas Gage », *Science*, 1994, 264, p. 1102-1105.

Davenport, Thomas et Ronanki, Rajeev, « L'intelligence artificielle dans le monde réel : ne visez pas la lune », *Harvard Business Review,* 2018, 27, p. 28-37.

Deary, Ian, Penke, Lars et Johnson, Wendy, « The neuroscience of *human* intelligence differences », *Nature Reviews Neuroscience,* 2010, 11, p. 201-211.

Dehaene, Ghislaine et Spelke, Elizabeth, « The infancy of the human brain », *Neuron*, 2015, 88, p. 93-109.

Dehaene, Stanislas, *La Bosse des maths, 15 ans après*, Paris, Odile Jacob, 2010.

Dehaene, Stanislas, *Le Code de la conscience*, Paris, Odile Jacob, 2014.

Dehaene, Stanislas, Kerszberg, Michel et Changeux, Jean-Pierre, « A neuronal model of global workspace in effortful cognitive tasks », *PNAS,* 1998, 95, p. 14529-14534.

Dehaene, Stanislas et Changeux, Jean-Pierre, « Experimental and theoretical approaches to conscious processing », *Neuron,* 2011, 70, p. 200-227.

Dempster, Frank et Brainerd, Charles, *Interference and Inhibition in Cognition,* New York, Academic Press, 1995.

De Neys, Wim (dir.), *Dual Process Theory 2.0,* Oxon, Routledge, 2018.

De Neys, Wim et Van Gelder, Elke, « Logic and belief across the life span : The rise and fall of belief inhibition during syllogistic reasoning », *Developmental Science,* 2008, 12, p. 123-130.

De Neys, Wim, Vartanian, Oshin et Goel, Vinod, « Smarter than we think : When our brains detect that we are biased », *Psychological Science,* 2008, 19, p. 483-489.

De Neys, Wim, Cromheeke, Sofie et Osman, Magda, « Biased but in doubt : Conflict and decision confidence », *PLoS ONE,* 2011, e15954.

De Neys, Wim et Bonnefon, Jean-François, « The whys and whens of individual differences in individual thinking biases », *Trends in Cognitive Sciences,* 2013, 17, p. 172-178.

De Neys, Wim, Rossi, Sandrine et Houdé, Olivier, « Bats, balls, and substitution sensitivity : Cognitive misers are no happy fools », *Psychonomic Bulletin and Review,* 2013, 20, p. 269-273.

De Neys, Wim, Lubin, Amélie et Houdé, Olivier, « The smart non-conserver : Preschoolers detect their number conservation errors », *Child Development Research,* 2014, doi:10.1155/2014/768186.

Diamond, Adele, « Executive functions », *Annual Review of Psychology,* 2013, 64, p. 135-168.

Diamond, Adele, « Why assessing and improving executive functions early in life is critical », *in* James Griffin, Peggy McCardle et Lisa Freund (dir.), *Executive Function in Preschool-age Children : Integrating Measurement, Neurodevelopment, and Translational Research,* Washington, American Psychological Association, 2016, p. 11-43.

Diamond, Adele *et al.*, « Preschool program improves cognitive control », *Science,* 2007, 318, p. 1387-1388.

Diamond, Adele et Lee, Kathleen, « Interventions shown to aid executive function development in children 4 to 12 years old », *Science,* 2011, 333, p. 959-964.

Diamond, Adele et Ling, Daphne, « Conclusions about interventions, programs, and approaches for improving executive functions that appear justified and those that, despite much hype, do not », *Developmental Cognitive Neuroscience,* 2016, 18, p. 34-48.

Dotan, Dror, Meyniel, Florent et Dehaene, Stanislas, « On-line confidence monitoring during decision making », *Cognition*, 2018, 171, p. 112-121.

Dreyfus, Hubert, *Intelligence artificielle. Mythes et limites*, Paris, Flammarion, 1984.

Duncan, John, *How Intelligence Happens*, New Haven, Yale University Press, 2012.

Duncan, John, Burgess, Paul et Emslie, Hazel, « Fluid intelligence after prefrontal lesions », *Neuropsychologia*, 1995, 33, p. 261-268.

Duncan, John *et al.*, « Intelligence and the frontal lobe », *Cognitive Psychology*, 1996, 30, p. 257-303.

Duncan, John *et al.*, « A neural basis for general intelligence », *Science*, 2000, 289, p. 457-460

Edelman, Gerald, *Biologie de la conscience*, Paris, Odile Jacob, 1992.

Edelman, Gerald, *Plus vaste que le ciel. Une nouvelle théorie générale du cerveau*, Paris, Odile Jacob, 2004.

Edelman, Gerald et Tononi, Giulio, *Comment la matière devient conscience*, Paris, Odile Jacob, 2002.

Engel, Pascal, *La Norme du vrai. Philosophie de la logique*, Paris, Gallimard, 1989.

Esposito, Giuseppe *et al.*, « Context-dependent, neural system-specific neurophysiological concomitants of ageing », *Brain*, 1999, 122, p. 963-979.

Evans, Jonathan, *Bias in Human Reasoning*, Londres, Erlbaum, 1989.

Evans, Jonathan, « Matching bias in conditional reasoning », *Thinking and Reasoning*, 1998, 4, p. 45-82.

Evans, Jonathan, « In two minds : Dual-process accounts of reasoning », *Trends in Cognitive Sciences*, 2003, 7, p. 454-459.

Evans, Jonathan *et al.*, « On the conflict between logic and belief in syllogistic reasoning », *Memory and Cognition*, 1983, 11, p. 295-306.

Evans, Jonathan, Barston, Julie et Pollard, Paul, « On the conflict between logic and belief in syllogistic reasoning », *Memory and Cognition*, 1983, 11, p. 295-306.

Evans, Jonathan et Perry, Tania, « Belief bias in children's reasoning », *Current Psychology of Cognition*, 1995, 14, p. 103-115.

Evans, Jonathan et Over, David, *Rationality and Reasoning*, Hove, Psychology Press, 1996.

Evans, Jonathan et Stanovich, Keith, « Dual-process theories of higher cognition : Advancing the debate », *Perspectives on Psychological Science*, 2013, 8, p. 223-241.

Fias, Wim *et al.*, « Parietal representation of symbolic and nonsymbolic magnitude », *Journal of Cognitive Neuroscience*, 2003, 15, p. 47-56.

Finucane, Melissa *et al.*, « The affect heuristic in judgment of risks and benefits », *Journal of Behavioral Decision Making*, 2000, 13, p. 1-17.

Fischer, Kurt et Farrar, Michael, « Generalizations about generalization : How a theory of skill development explains both generality and specificity », *in* A. Demetriou (dir.), *The Neo-Piagetian Theories of Cognitive Development*, Amsterdam, North-Holland, 1988, p. 137-171.

Flavell, John, « Metacognition and cognitive monitoring », *American Psychologist*, 1979, 34, p. 906-911.

Fuster, Joaquin, *The Prefrontal Cortex,* New York, Raven Press, 1997.

Fuster, Joaquin, *Cortex and Mind,* Oxford/New York, Oxford University Press, 2003.

Ganascia, Jean-Gabriel, *L'Intelligence artificielle*, Paris, Le Cavalier bleu, 2015.

Gardner, Howard, *Les Formes de l'intelligence*, Paris, Odile Jacob, 1997.

Gelman, Rochel, « Logical capacity of very young children », *Child Development,* 1972, 43, p. 75-90.

Gelman, Rochel, « Constructing and using conceptual competence », *Cognitive Development,* 1997, 12, p. 305-313.

Gelman, Rochel et Gallistel, Charles, *The Child's Understanding of Number,* Cambridge, Harvard University Press, 1978.

Gelman, Rochel et Meck, Elizabeth, « Preschooler's counting », *Cognition,* 1983, 13, p. 343-359.

Gelman, Rochel, Meck, Elizabeth et Merkin, Susan, « Young children's numerical competence », *Cognitive Development,* 1986, 1, p. 1-29.

Gläscher, Jan *et al.*, « Distributed neural system for general intelligence revealed by lesion mapping », *PNAS*, 2010, 107, p. 4705-4709.

Goel, Vinod, « Anatomy of deductive reasoning », *Trends in Cognitive Sciences*, 2007, 11, p. 435-441.

Gogtay, Nitin *et al.*, « Dynamic mapping of human cortical development during childhood through early adulthood », *PNAS*, 2004, 101, p. 8174-8179.

Gopnik, Alison, « Scientific thinking in young children », *Science,* 2012, 337, p. 1623-1627.

Gopnik, Alison, *Le Bébé philosophe*, Paris, Le Pommier, 2012.

Gopnik, Alison, Meltzoff, Andrew et Kuhl, Patricia, *Comment pensent les bébés ?*, Paris, Le Pommier, 2005.

Gould, Stephen Jay, *La Mal-Mesure de l'homme,* Paris, Odile Jacob, 1997.

Gray, Jeremy et Thompson, Paul, « Neurobiology of intelligence », *Nature Reviews Neuroscience,* 2004, 5, p. 471-482.

Grégoire, Jacques, « L'évaluation de l'intelligence en question », *in* Martine Fournier et Roger Lécuyer (dir.), *L'Intelligence de l'enfant*, Auxerre, Sciences Humaines Éditions, 2009, p. 78-106.

Gruber, Matthias, Gelman, Bernard et Ranganath, Charan, « States of curiosity modulate hippocampus-dependent learning *via* the dopaminergic circuit », *Neuron,* 2014, 84, p. 486-496.

Habib, Marianne *et al.*, « Counterfactually mediated emotions : A developmental study of regret and relief in a probabilistic gambling task », *Journal of Experimental Child Psychology*, 2012, 112, p. 265-274.

Hamlin, J. Kiley *et al.*, « Social evaluation by preverbal infants », *Nature,* 2007, 450, p. 557-560.

Hampshire, Adam *et al.*, « Fractionating human intelligence », *Neuron*, 2012, 76, p. 1225-1237.

Hasher, Lynn, Lustig, Cindy et Zacks, Rose, « Inhibitory mechanisms and the control of attention », *in* Andrew Conway *et al.* (dir.), *Variation in Working Memory*, Oxford, Oxford University Press, 2008, p. 227-249.

Houdé, Olivier, *Catégorisation et développement cognitif*, Paris, PUF, 1992.

Houdé, Olivier, *Rationalité, développement et inhibition. Un nouveau cadre d'analyse*, Paris, PUF, 1995.

Houdé, Olivier, « The problem of deductive competence and the inhibitory control of cognition », *Current Psychology of Cognition*, 1997, 16, p. 108-113.

Houdé, Olivier, « Attention sélective, développement cognitif et contrôle inhibiteur de l'information », *in* Gaby Netchine-Grynberg (dir.), *Développement et fonctionnement cognitifs*, Paris, PUF, 1999, p. 181-195.

Houdé, Olivier, « Inhibition and cognitive development : Object, number, categorization, and reasoning », *Cognitive Development,* 2000, 15, p. 63-73.

Houdé, Olivier, *La Psychologie de l'enfant*, Paris, PUF, 2004.

Houdé, Olivier, « Intelligence : psychométrie, psychologie cognitive et imagerie cérébrale », *in* Jacques Lautrey et Jean-Francois Richard (dir.), *L'Intelligence*, Paris, Hermes Science, 2005, p. 279-287.

Houdé, Olivier, « First insights on neuropedagogy of reasoning », *Thinking and Reasoning,* 2007, 13, p. 81-89.

Houdé, Olivier, *Les 100 Mots de la psychologie*, Paris, PUF, 2008.

Houdé, Olivier, « Beyond IQ comparisons : Intra-individual training differences », *Nature Reviews Neuroscience,* 2010, 11, p. 370.

Houdé, Olivier, « L'intelligence malgré tout », préface à Jean Piaget, *La Psychologie de l'intelligence*, Paris, Armand Colin, 2012, p. 3-15.

Houdé, Olivier, *Le Raisonnement*, Paris, PUF, 2014.

Houdé, Olivier, « Plusieurs intelligences détectées dans le cerveau », *Cerveau et psycho*, 2015, 68, p. 46-53.

Houdé, Olivier, *L'Histoire de la psychologie*, Paris, PUF, 2016.

Houdé, Olivier, « L'inhibition », *Encyclopaedia Universalis*, 2016, édition électronique : http://www.universalis.fr/encyclopedie/inhibition-psychologie-cognitive/.

Houdé, Olivier, *Apprendre à résister*, Paris, Le Pommier, 2017.

Houdé, Olivier, *L'École du cerveau. De Montessori, Freinet et Piaget aux sciences cognitives,* Bruxelles, Mardaga, 2018.

Houdé, Olivier et Moutier, Sylvain, « Deductive reasoning and experimental inhibition training », *Current Psychology of Cognition*, 1996, 15, p. 409-434, et 1999, 18, p. 75-85.

Houdé, Olivier *et al.*, « Shifting from the perceptual brain to the logical brain : The neural impact of cognitive inhibition training », *Journal of Cognitive Neuroscience,* 2000, 12, p. 721-728.

Houdé, Olivier *et al.*, « Access to deductive logic depends on a right ventromedial prefrontal area devoted to emotion and feeling : Evidence from a training paradigm », *NeuroImage*, 2001, 14, p. 1486-1492.

Houdé, Olivier et Guichart, Élodie, « Negative priming effect after inhibition of number/length interference in a Piaget-like task », *Developmental Science,* 2001, 4, p. 71-74.

Houdé, Olivier, Mazoyer, Bernard et Tzourio-Mazoyer, Nathalie (dir.), *Cerveau et psychologie. Introduction à l'imagerie cérébrale anatomique et fonctionnelle,* Paris, PUF, 2002.

Houdé, Olivier *et al.* (dir.), *Vocabulaire de sciences cognitives*, Paris, PUF, collection « Quadrige », 2003.

Houdé, Olivier et Tzourio-Mazoyer, Nathalie, « Neural foundations of logical and mathematical cognition », *Nature Reviews Neuroscience,* 2003, 4, p. 507-514.

Houdé, Olivier *et al.*, « Mapping numerical processing, reading, and executive functions in the developing brain », *Developmental Science*, 2010, 13, p. 876-885.

Houdé, Olivier *et al.*, « Functional MRI study of Piaget's conservation-of-number task in preschool and school-age children : A neo-piagetian approach », *Journal of Experimental Child Psychology,* 2011, 110, p. 332-346.

Hublin, Jean-Jacques *et al.*, « New fossils from Jebel Irhoud, Morocco and the pan-African origin of *Homo sapiens* », *Nature,* 2017, 546, p. 289-292.

Huteau, Michel et Lautrey, Jacques, *Évaluer l'intelligence. Psychométrie cognitive,* Paris, PUF, 1999.

Inhelder, Bärbel et Piaget, Jean, *De la logique de l'enfant à la logique de l'adolescent,* Paris, PUF, 1955.

Inhelder, Bärbel et Piaget, Jean, *La Genèse des structures logiques élémentaires,* Neuchâtel, Delachaux et Niestlé, 1959.

Johnson-Laird, Philip, « Mental models and deduction », *Trends in Cognitive Sciences,* 2001, 5, p. 434-442.

Jung, Rex et Haier, Richard, « The Parieto-Frontal Integration Theory (P-FIT) of intelligence : Converging neuroimaging evidence », *Behavioral and Brain Sciences*, 2007, 30, p. 135-154.

Kahneman, Daniel, *Système 1, système 2. Les deux vitesses de la pensée,* Paris, Flammarion, 2012.

Kahneman, Daniel, Slovic, Paul et Tversky, Amos, *Judgment under Uncertainty : Heuristics and Biases,* New York, Cambridge University Press, 1982.

Kahneman, Daniel et Frederick, Shane, « Representativeness revisited : Attribute substitution in intuitive judgment », *in* Thomas Gilovich *et al.* (dir.), *Heuristics and Biases,* New York, Cambridge University Press, 2003, p. 49-81.

Kim, Dea-Jin *et al.*, « Children's intellectual ability is associated with structural network integrity », *NeuroImage*, 2016, 124, p. 550-556.

Klein, Raymond, « Inhibition of return », *Trends in Cognitive Sciences,* 2000, 4, p. 138-147.

Koenigs, Michael *et al.,* « Damage to the prefrontal cortex increases utilitarian moral judgements », *Nature,* 2007, 446, p. 908-911.

Krim, Tariq, « Comment reprendre le contrôle ? », *Le Point*, 2018, 2369, p. 51.

Lanoë, Céline *et al.*, « Inhibitory control is needed to overcome written verb inflection errors », *Cognitive Development,* 2016, 37, p. 18-27.

Lazer, David *et al.*, « The science of fake news », *Science,* 2018, 359, p. 1094-1096.

Le Cun, Yann, « Intelligence artificielle : n'allons pas trop vite », *Le Point*, 2018, 2369, p. 66.

Linzarini, Adriano, Houdé, Olivier et Borst, Grégoire, « Cognitive control outside of conscious awareness », *Consciousness and Cognition*, 2017, 53, p. 185-193.

Lubin, Amélie *et al.*, « Inhibitory control is needed for the resolution of arithmetic word problems : A developmental negative priming study », *Journal of Educational Psychology*, 2013, 105, p. 701-708.

Luders, Eileen *et al.*, « Neuroanatomical correlates of intelligence », *Intelligence*, 2009, 37, p. 156-163.

Luria, Alexandre, *Les Fonctions corticales supérieures de l'homme,* Paris, PUF, 1985 (éd. originale, 1962).

Malabou, Catherine, *Métamorphoses de l'intelligence. Que faire de leur cerveau bleu ?*, Paris, PUF, 2017.

Mancuso, Stefano, « Plant neurobiology : An integrated view of plant signaling », *Trends in Plant Science*, 2006, 11, p. 413-419.

Mancuso, Stefano, *L'Intelligence des plantes*, Paris, Albin Michel, 2018.

McGrew, Kewin et Wendling, Barbara, « Cattell-Horn-Carroll cognitive-achievement relations : What we have learned from the past 20 years of research », *Psychology in the Schools*, 2010, 47, p. 651-675.

McNeil, Barbara *et al.*, « On the elicitation of preferences for alternative therapies », *New England Journal of Medicine*, 1982, 306, p. 1259-1262.

Mehler, Jacques et Bever, Tom, « Cognitive capacity of very young children », *Science,* 1967, 158, p. 141-142.

Meyniel, Florent et Dehaene, Stanislas, « Brain networks for confidence weighting and hierarchical inference during probabilistic learning », *PNAS,* 2017, 114, p. 3859-3868.

Minsky, Marvin, *La Société de l'esprit*, Paris, InterÉditions, 1988.

Miyake, Akira et Friedman, Naomi, « The nature and organization of individual differences in executive functions », *Current Directions in Psychological Science*, 2012, 21, p. 8-14.

Moffitt, Terrie, « A gradient of childhood self-control predicts health, wealth, and public safety », *PNAS*, 2011, 108, p. 2693-2698.

Montessori, Maria, *L'Enfant,* Paris, Desclée de Brouwer, 2018 (éd. originale, 1936).

Morel, Christian, *Les Décisions absurdes* (tomes I, II et III), Paris, Gallimard, 2002, 2012 et 2018.

Moutier, Sylvain, « Deductive competence and executive efficiency in school children », *Current Psychology Letters,* 2000, 3, p. 87-100.

Moutier, Sylvain *et al.*, « Syllogistic reasoning and belief-bias inhibition in school children », *Developmental Science*, 2006, 9, p. 166-172.

Moutier, Sylvain et Houdé, Olivier, « Judgment under uncertainty and conjunction-fallacy inhibition training », *Thinking and Reasoning*, 2003, 9, p. 185-201.

Mussweiler, Thomas, « The use of category and exemplar knowledge in the solution of anchoring task », *Journal of Personality and Social Psychology*, 2000, 78, p. 1038-1052.

Nadel, Lynn, *The Encyclopedia of Cognitive Science*, Londres, Nature Publishing Group/Macmillan, 2003.

Neill, Trammell, Valdes, Leslie et Terry, Kathleen, « Selective attention and inhibitory control of cognition », *in* Frank Dempster et Charles Brainerd, *Interference and Inhibition in Cognition,* New York, Academic Press, 1995, p. 207-261.

Onishi, Kristine et Baillargeon, Renée, « Do 15-month-old infants understand false beliefs ? », *Science,* 2005, 308, p. 255-258.

Ormesson, Jean d', *Qu'ai-je donc fait ?*, Paris, Robert Laffont, 2008.

Pennycook, Gordon *et al.*, « The mythical dual-process typology », *Trends in Cognitive Sciences*, 2018, 22, p. 667-668.

Piaget, Jean, *Le Jugement moral chez l'enfant*, Paris, Alcan, 1932.

Piaget, Jean, *La Naissance de l'intelligence chez l'enfant,* Neuchâtel, Delachaux et Niestlé, 1936.

Piaget, Jean, *La Construction du réel chez l'enfant,* Neuchâtel, Delachaux et Niestlé, 1937.

Piaget, Jean, « Le mécanisme du développement mental et les lois du groupement des opérations : esquisse d'une théorie opératoire de l'intelligence », *Archives de psychologie*, 1941, 28, p. 215-285.

Piaget, Jean, *La Formation du symbole chez l'enfant,* Neuchâtel, Delachaux et Niestlé, 1945.

Piaget, Jean, *Traité de logique. Essai de logistique opératoire,* Paris, Armand Colin, 1949.

Piaget, Jean, *Le Structuralisme*, Paris, PUF, 1968.

Piaget, Jean, *L'Épistémologie génétique*, Paris, PUF, 1970.

Piaget, Jean, *Adaptation vitale et psychologie de l'intelligence : sélection organique et phénocopie*, Paris, Hermann, 1974.

Piaget, Jean, *Le Possible et le Nécessaire* (tomes I et II), Paris, PUF, 1981-1983.

Piaget, Jean, *Morphismes et catégories. Comparer et transformer,* Neuchâtel, Delachaux et Niestlé, 1990.

Piaget, Jean, *La Psychologie de l'intelligence,* Paris, Armand Colin, 2012 (éd. originale, 1947).

Piaget, Jean et Szeminska, Alina, *La Genèse du nombre chez l'enfant*, Neuchâtel, Delachaux et Niestlé, 1941.

Piaget, Jean et Inhelder, Bärbel, *Le Développement des quantités physiques chez l'enfant*, Neuchâtel, Delachaux et Niestlé, 1941.

Piaget, Jean et Inhelder, Bärbel, « Les opérations intellectuelles », *in* Paul Fraisse et Jean Piaget (dir.), *Traité de psychologie expérimentale*, Paris, PUF, 1963, tome VII, p. 71-116.

Piaget, Jean et Inhelder, Bärbel, *La Psychologie de l'enfant,* Paris, PUF, 1966.

Piaget, Jean et Garcia, Rolando, *Vers une logique des significations,* Genève, Murionde, 1987.

Pinel, Philippe *et al.*, « Distributed and overlapping cerebral representations of number, size, and luminance during comparative judgments », *Neuron,* 2004, 41, p. 983-993.

Pitrat, Jacques, « La naissance de l'intelligence artificielle », *La Recherche*, 1985, 170, p. 50-70.

Posner, Michael et Cohen, Yoav, « Components of visual orienting », *in* Herman Bouma et Don Bouwhuis (dir.), *Attention and Performance X : Control of Language Processes*, Hillsdale, Erlbaum, 1984, p. 531-556.

Posner, Michael et Raichle, Marcus, *L'Esprit en images,* Bruxelles, De Boeck, 1998.

Prabhakaran, Vivek *et al.*, « Neuronal substrates of fluid reasoning », *Cognitive Psychology*, 1997, 33, p. 3-63.

Prabhakaran, Vivek, Rypma, Bart et Gabrieli, John, « Neural substrates of mathematical reasoning », *Neuropsychology,* 2001, 15, p. 115-117.

Prado, Jérôme et Noveck, Ira, « Overcoming perceptual features in logical reasoning : A parametric functional magnetic resonance imaging study », *Journal of Cognitive Neuroscience,* 2007, 19, p. 642-657.

Proust, Joëlle, « Métacognition et autoévaluation », *in* Olivier Houdé et Grégoire Borst (dir.), *Le Cerveau et les Apprentissages,* Paris, Nathan, 2018, p. 207-228.

Ratcliff, Marc, *Bonjour Monsieur Piaget. Images d'une vie,* Paris/Genève, Somogy Éditions d'Art/Archives Jean Piaget, 2010.

Reeves, Hubert, *Malicorne,* Paris, Seuil, 1990.

Reuchlin, Maurice, « L'intelligence », *in* Henriette Bloch *et al.* (dir.), *Grand dictionnaire de la psychologie,* Paris, Larousse, 1991, p. 391-393.

Ribot, Théodule, *La Psychologie des sentiments,* Paris, Alcan, 1896.

Roell, Margot *et al.*, « Inhibitory control and decimal number comparison in school-aged children », *PloS ONE,* 2017, doi:10.1371/journal.pone.0188276.

Roell, Margot *et al.*, « Inhibition of the whole number bias in decimal number comparison : A developmental negative priming study », *Journal of Experimental Child Psychology,* 2019, 177, p. 240-247.

Schultz, Wolfram, « Dopamine reward prediction-error signalling », *Nature Reviews Neuroscience,* 2016, 17, p. 183-195.

Schultz, Wolfram, Dayan, Peter et Montague, P. Read, « A neural substrate of prediction and reward », *Science,* 1997, 275, p. 1593-1599.

Serres, Michel, *Éclaircissements,* Paris, François Bourin, 1992.

Shaw, Philip *et al.*, « Intellectual ability and cortical development in children and adolescents », *Nature,* 2006, 440, p. 676-679.

Siaud-Facchin, Jeanne, *L'Enfant surdoué. L'aider à grandir, l'aider à réussir,* Paris, Odile Jacob, 2012.

Siegler, Robert, *Intelligence et développement de l'enfant,* Bruxelles, De Boeck, 2000.

Siegler, Robert, *Enfant et raisonnement,* Bruxelles, De Boeck, 2001.

Simon, Grégory *et al.*, « Anterior cingulate cortex and intuitive bias detection during number conservation », *Cognitive Neuroscience,* 2015, 6, p. 158-168.

Smith, Roger, *Inhibition : History and Meaning in the Sciences of Mind and Brain,* Londres, Free Association Books, 1992.

Spearman, Charles, « General intelligence objectively determined and measured », *American Journal of Psychology,* 1904, 15, p. 201-292.

Spearman, Charles, « The abilities of man », *Science,* 1928, 68, p. 38.

Spelke, Elizabeth, « Core knowledge », *American Psychologist,* 2000, 55, p. 1233-1243.

Stanovich, Keith et West, Richard, « Individual differences in reasoning : Implications for the rationality debate », *Behavioral and Brain Sciences,* 2000, 23, p. 645-665.

Tenenbaum, Joshua *et al.*, « How to grow a mind : Statistics, structure, and abstraction », *Science,* 2011, 331, p. 1279-1285.

Thaler, Richard, *Misbehaving : The Making of Behavioural Economics,* New York, W. W. Norton and Company, 2015.

Thaler, Richard et Sunstein, Cass, *Nudge : Improving Decisions about Health, Wealth, and Happiness*, New Haven, Yale University Press, 2008.

Tipper, Steven, « The negative priming effect : Inhibitory priming by ignored objects », *Quarterly Journal of Experimental Psychology*, 1985, 37A, p. 571-590.

Tipper, Steven, « Does negative priming reflect inhibitory mechanisms ? », *Quarterly Journal of Experimental Psychology*, 2001, 54A, p. 321-343.

Tversky, Amos et Kahneman, Daniel, « Judgment under uncertainty : Heuristics and biases », *Science*, 1974, 185, p. 1124-1131.

Tversky, Amos et Kahneman, Daniel, « The framing of decisions and the psychology of choices », *Science*, 1981, 211, p. 453-458.

Tversky, Amos et Kahneman, Daniel, « Extensional versus intuitive reasoning : The conjunction fallacy in probability judgment », *Psychological Review*, 1983, 90, p. 293-315.

Van Gaal, Simon *et al.*, « Frontal cortex mediates unconsciously triggered inhibitory control », *Journal of Neuroscience*, 2008, 28, p. 8053-8062.

Van Gaal, Simon *et al.*, « Unconscious activation of the prefrontal no-go network », *Journal of Neuroscience*, 2010, 30, p. 4143-4150.

Vauclair, Jacques, *L'Intelligence animale,* Paris, Seuil, 2017.

Viarouge, Arnaud *et al.*, « Spontaneous orientation towards irrelevant dimensions of magnitude and numerical acuity », *Learning and Instruction*, 2018, 54, p. 156-163.

Waelti, Pascal *et al.*, « Dopamine responses comply with basic assumptions of formal learning theory », *Nature,* 2001, 412, p. 43-48.

Wason, Peter, « Reasoning about a rule », *Quarterly Journal of Experimental Psychology*, 1968, 20, p. 273-281.

Wise, Roy, « Dopamine, learning and motivation », *Nature Reviews Neuroscience,* 2004, 5, p. 483-494.

Wynn, Karen, « Addition and subtraction by human infants », *Nature*, 1992, 358, p. 749-750.

Wynn, Karen, « Psychological foundations of number : Numerical competence in human infants », *Trends in Cognitive Sciences*, 1998, 2, p. 296-303.

Wynn, Karen, « Findings of addition and subtraction in infants are robust and consistent », *Child Development,* 2000, 71, p. 1535-1536.

Yoon, Yougwoo *et al.*, « Brain structural networks associated with intelligence and visuomotor ability », *Scientific Reports*, 2017, 7, 2177 (article number).

Zajonc, Robert, « Feeling and thinking : Preferences need no inferences », *American Psychologist*, 1980, 35, p. 151-175.

Index

Remerciements

Je remercie vivement de leurs relectures du manuscrit John Séraphin, docteur en intelligence artificielle, Claire et Françoise Pruvot. Je remercie aussi Marie-Lorraine Colas de son précieux travail d'édition et, bien entendu, Odile Jacob, très grande éditrice à mes yeux. Enfin, je remercie Jean-Pierre Changeux de sa préface qui est mon coup de cœur dans ce livre.

Table

Cet ouvrage a été composé
en Adobe Garamond Pro
par Nord Compo
à Villeneuve-d'Ascq (Nord).

N° d'édition : 7381-4690-X – N° d'impression : 1903.0056
Dépôt légal : avril 2019

Imprimé en France